BECK'SCHE TEXTAUSGABEN

Versicherungsvertragsgesetz

D1719651

Versicherungsvertragsgesetz

mit einführenden und ergänzenden Bestimmungen

Textausgabe mit einer Einführung von Dr. Reinhard Renger
und Sachverzeichnis

40., neubearbeitete Auflage

Stand: 1. September 1994

C.H. BECK'SCHE VERLAGSBUCHHANDLUNG
MÜNCHEN 1994

Die Deutsche Bibliothek – CIP-Einheitsaufnahme

Versicherungsvertragsgesetz : [vom 3. Mai 1908] ; mit einfüh-
renden und ergänzenden Bestimmungen ; Textausgabe mit
einer Einl. von Reinhard Renger und Sachverz. –
40., durchges. u. erneuerte Aufl. – München : Beck, 1994
  (Beck'sche Textausgaben)
  ISBN 3 406 38761 6
NE: Renger, Reinhard [Hrsg.]

ISBN 3 406 38761 6

Druck der C. H. Beck'schen Buchdruckerei Nördlingen
Gedruckt auf säurefreiem Papier;
hergestellt aus chlorfrei gebleichtem Zellstoff

Inhaltsverzeichnis

Inhalt

Abkürzungsverzeichnis

Abkürzungen

JR	Juristische Rundschau für die Privatversicherung
JW	Juristische Wochenschrift
KfzPflVV	Kraftfahrzeug-Pflichtversicherungsverordnung
KStG	Körperschaftsteuergesetz
MBKK	Allgemeine Versicherungsbedingungen für die Krankheitskosten- u. Krankenhaustagegeldversicherung
MBKT	Allgemeine Versicherungsbedingungen für die Krankentagegeldversicherung
MDR	Monatsschrift für Deutsches Recht
NJW	Neue Juristische Wochenschrift
NJW-RR	Neue Juristische Wochenschrift-Rechtsprechungsreport
OLG	Oberlandesgericht
PflVG	Gesetz über die Pflichtversicherung für Kraftfahrzeughalter
RAA	Reichsaufsichtsamt für Privatversicherung
RAnz	Reichsanzeiger
RG	Reichsgericht
RGBl	Reichsgesetzblatt
RGZ	Amtliche Sammlung der Entscheidungen des Reichsgerichts in Zivilsachen
RVO	Reichsversicherungsordnung
SGB	Sozialgesetzbuch
VA	Veröffentlichungen des Reichsaufsichtsamtes für Privatversicherung
VAG	Gesetz über die Beaufsichtigung der privaten Versicherungsunternehmungen
VerBAV	Veröffentlichungen des Bundesaufsichtsamtes für das Versicherungswesen
VGB	Allgemeine Bedingungen für die Neuwertversicherung von Wohngebäuden gegen Feuer-, Leitungswasser- und Sturmschäden
VHB	Allgemeine Hausratsversicherungsbedingungen
VO (EWG)	Verordnung (EWG) Nr. 1534/91
VVaG	Versicherungsverein auf Gegenseitigkeit
VersR	Versicherungsrecht
VersRdsch	Versicherungsrundschau (Österreich)

Abkürzungen

Einleitung

Von Dr. Reinhard Renger
Ministerialrat im Bundesministerium der Justiz

I. Begriff und Gegenstand des Versicherungsrechts

Versicherung ist die nach dem Wahrscheinlichkeitsprinzip arbeitende wirtschaftliche Absicherung ungewisser Risiken gegen Prämienzahlung; sie wird entweder nach dem Assoziationsprinzip als Gegenseitigkeitsversicherung oder nach dem Spekulationsprinzip als Erwerbsversicherung betrieben. Die Rechtsordnung trennt das Versicherungsrecht in das immer umfangreicher werdende Sozialversicherungsrecht und das Privatversicherungsrecht, das wiederum Versicherungsunternehmensrecht, Versicherungsaufsichtsrecht und Versicherungsvertragsrecht umfaßt. Das Versicherungsvertragsrecht ist besonderes Schuldvertragsrecht und als solches das den Besonderheiten des Versicherungsvertrages gerecht werdende Sonderprivatrecht.

II. Zur Entwicklungsgeschichte der modernen Versicherung

Antike Vorformen der Gegenseitigkeitsversicherung begegnen in den ägyptischen, griechischen und römischen Begräbnisvereinen (collegia tenuiorum), die mittels regelmäßiger Beiträge für ein anständiges Begräbnis ihrer Mitglieder und für den Totenkult sorgten. Die bis in die Neuzeit fortwirkende Entwicklung der Gegenseitigkeitsversicherung beginnt jedoch erst im frühen Mittelalter in Nordeuropa mit der auf einem gegenseitigen Treueverhältnis beruhenden und sich zur gemeinsamen Erfüllung religiöser, politischer, wirtschaftlicher und gesellicher Zwecke zusammenschließenden Gilden und Genossenschaften, die sich bevorzugt der gemeinschaftlichen Risikoübernahme und Hilfeleistung bei Tod, Brand, Viehsterben, Schiffbruch und Gefangennahme widmeten. Die ältesten bekannten Statuten sind aus Island (1118), Schonen (1210) und Ostgotland (1300) überliefert. In Deutschland sind die ältesten Brand- und

Einleitung

Totengilden in den Herzogtümern Holstein (1442) und Schleswig (1446) nachweisbar.

Die Erwerbs- oder Spekulationsversicherung hat sich, nachdem das 2. Laterankonzil 1139 das kanonische Zinsverbot normiert hatte (cc. 1–4 C. IX qu. 3 Corp.ICan) und nachdem Gregor IX. zwischen 1227 und 1238 daran anknüpfend ein ausdrückliches Zinsverbot für Seedarlehen ausgesprochen hatte, aus der wirtschaftlichen Umkehrung des antiken Seedarlehens (foenus nauticum) entwickelt. Hatte beim Seedarlehen der Darlehensgeber vor Reiseantritt ein hochverzinsliches Darlehen gewährt, das nur bei glücklich beendeter Reise rückzahlbar war, erhielt nunmehr der Versicherte eine geldwerte Leistung gegen Prämie nur nach Eintritt des Versicherungsfalls. Die ältesten bekannten Seeversicherungskontrakte sind Genueser Notariatsurkunden aus den Jahren 1347 und 1348. Erste gesetzliche oder statutarische Regelungen begegnen 1435 in Barcelona und 1468 in Venedig. Charakteristisch und der völkerverbindenden Natur der Seefahrt gemäß ist die Ähnlichkeit der Seeversicherungsbedingungen der Seehandel betreibenden Städte und Nationen und die Gleichmäßigkeit ihrer Entwicklung. Die jeweils in ihrer Zeit maßgebenden Seehandelsplätze bestimmten Inhalt und Entwicklung des Seeversicherungsrechts, das sich zunächst als autonomes Kaufmannsrecht bildete und dem erst später in Staats- und Stadtgesetzgebung die zusammenfassende Kodifizierung nachfolgte: im 15. Jahrhundert waren Barcelona und Venedig tonangebend; im 16. Jahrhundert Antwerpen, Burgos, Sevilla, Ancona, Genua, Amsterdam und Hamburg; im 17. und 18. Jahrhundert London, Paris und die deutschen Nord- und Ostseehäfen.

Die eigentliche moderne Entwicklung des Versicherungswesens setzte jedoch im 17. Jahrhundert nach den großen Stadtbränden in Hamburg (1606, 1626 und 1676) und London (1666) ein, die nicht nur die Unzulänglichkeit des damaligen Löschwesens, sondern auch die beschränkte Leistungskraft damals üblicher auf dem Prinzip der Nachbarschaftshilfe beruhender Feuerkontrakte offenlegten. Als erste und älteste deutsche Pflichtversicherung wurde in Hamburg 1676 die Hamburger „General-Feuercasse" errichtet, die bis zur Aufhebung der landesrechtlichen Gebäudeversicherungsmonopole im Zuge der Schaffung des europäischen Versicherungsbinnenmarkts zugleich als älteste deutsche öffentlich-rechtliche Versicherungs-

Einleitung

anstalt bis 1994 fortbestand. Sie war im 18. Jahrhundert Vorbild für die Gründung landesherrlicher und landschaftlicher Brandkassen in den meisten deutschen Ländern. Die Versicherungen, die als Pflichtversicherungen die Erhaltung der Steuerkraft des Landes bezweckten und deshalb in der Regel mit einer Wiederaufbaupflicht verbunden waren, beruhten auf dem Umlage- und Gegenseitigkeitsprinzip.

Die andere für das moderne Versicherungswesen maßgebende Entwicklung findet in der Lebensversicherung statt. Nach ersten zeitlich befristeten Risikolebensversicherungen, deren älteste bekannte im Jahre 1583 für einen Londoner Salzhändler ausgefertigt wurde, bot die älteste noch heute bestehende, 1762 in England gegründete Society for Equitable Assurance of Life erstmals unbefristete Lebensversicherungen auf der Grundlage versicherungsmathematischer Prämienkalkulationen unter Verwendung der Breslauer Sterbetafeln für die Jahre 1687–91 an und führte damit das Wahrscheinlichkeitsprinzip in den Betrieb des Versicherungsgeschäfts ein. Die sich daraus entwickelnde Versicherungsmathematik stellte für die Lebensversicherung eine Möglichkeit zu einer auf statistischem Material beruhenden exakten Prämienberechnung zur Verfügung und konnte so für die auf Dauer angelegte Lebensversicherung die Erfüllung der versprochenen Versicherungsleistung gewährleisten. Obwohl das preußische Allgemeine Landrecht bereits 1794 erstmals in Deutschland die Lebensversicherung gesetzlich geregelt hatte, wurde erst 1828 in Gotha das erste neuzeitliche Lebensversicherungsunternehmen in Deutschland gegründet.

Seit Mitte des 19. Jahrhunderts hat sich infolge der industriellen Revolution und ihren zunehmenden Haftpflichtgefahren als relativ junger Zweig neben der traditionellen Sach- und der Personenversicherung als eigenständige Sparte der Vermögensversicherung die Haftpflichtversicherung entwickelt. Ihre Anfänge liegen aber wiederum im Seeversicherungsrecht, das traditionell auch für den Schaden Versicherungsschutz bietet, den der Versicherungsnehmer einem Dritten als Folge einer Kollision zu ersetzen hat. In Deutschland nahm die Haftpflichtversicherung ihren Aufschwung im Gefolge des Reichshaftpflichtgesetzes von 1871; ihre bedeutendste Sparte am Ende des 20. Jahrhundert ist die Kraftfahrzeug-Haftpflichtversicherung, die ihrerseits ihre ergänzende Regelung als gesetzliche Pflichtversicherung seit 1939 im Pflichtversicherungsgesetz gefunden hat.

Einleitung

Das Eigentümliche der Haftpflichtversicherung besteht darin,
daß der Versicherer im Prinzip nur dann einen Schaden ersetzt,
den ein Dritter erlitten hat, wenn der Versicherungsnehmer
dem Dritten dafür haftet. Die Rechtsentwicklung im 20. Jahrhundert hat hierbei den Schutz und die Rechtsstellung des geschädigten Dritten immer stärker in den Vordergrund des Interesses und der Entwicklung gerückt. In dem Maße, in dem
die zunehmende Verfeinerung versicherungsmathematischer
Methoden zu einer immer weiteren Zurückdrängung der dem
Versicherungsgedanken immanenten Gefahrengemeinschaft
der Versicherten durch eine je nach Prämienkalkulation verzin-
ste oder unverzinste Kapitaldeckung des eigenen Schadensbedarfs führt, bei dem nur noch der Zeitpunkt der Verwirklichung ungewiß ist, und zugleich die Haftpflichtgefahren der
modernen Welt die Leistungsfähigkeit der Versicherung zuneh-
mend in Frage stellen, wird die schon seit Beginn dieses Jahrhunderts erörterte Frage der Haftungsersetzung durch Versicherungsschutz immer aktueller.

III. Zur Gesetzgebungsgeschichte des Versicherungs-
vertragsrechts

Die Kodifikation des Privatversicherungsrechts beginnt in
Deutschland mit dem Allgemeinen Landrecht für die preußi-
schen Staaten von 1794, das den Versicherungsvertrag im Kaufmannsrecht (§§ 1934–2358 II 8.13) in starker Anlehnung an die
ihrer Vortrefflichkeit wegen gerühmte Hamburger Asseku-
ranz- und Havareiordnung von 1731 regelt, aber nicht zuletzt
mangels neuer Gedanken und durch die Beschränkung auf eine
kasuistische Auswertung übernommener Rechtssätze ihr Vorbild nicht erreicht und Einfluß wohl nur auf die Entwicklung
des Feuerversicherungsrechts ausgeübt hat. Abgesehen von den
Seeversicherungsbestimmungen, die mit Einführung des HGB
in Preußen durch dessen fünftes Buch unter Zuordnung zu den
Seehandelsgeschäften aufgehoben wurden, haben die Bestimmungen des ALR eine mehr als hundertjährige Lebensdauer
gehabt, worin *Bruck* (in Das Privatversicherungsrecht, 1930)
trotz ihrer erwiesenen Kleinbürgerlichkeit einen Beweis für die

Schwierigkeit sieht, die sich in Allgemeinen Versicherungsbedingungen vollziehenden Wandlungen des Versicherungsrechts
in gesetzliche Form zu bringen.

Aus dem 19. Jahrhundert sind als Vorstufen zu einer moder-
nen Kodifikation des privaten Versicherungsrechts die in ver-
schiedenen deutschen Staaten unternommenen Versuche einer
Kodifikation des Handelsrechts zu nennen, die auch das Versi-
cherungsrecht einschlossen. Nachdem zunächst 1861 im
ADHGB, ab 1897 im HGB nur das Seeversicherungsrecht als
Teil der Seehandelsgeschäfte geregelt war und das BGB das
Recht der Binnenversicherung ebenfalls nicht regelte, weil der
Entwurf des BGB noch von der Vorstellung ausging, mit seiner
Einführung werde das HGB zu revidieren sein und dabei auch
eine reichsgesetzliche Regelung des Versicherungsrechts erfol-
gen, wurde erstmals 1893 ein Entwurf eines Gesetzes über den
Versicherungsvertrag vorgelegt. Zunächst bereinigte der
Reichsgesetzgeber aber nach langen Vorarbeiten die zum Ende
des vorigen Jahrhunderts vorhandene, ein allgemeines und auch
wirtschaftliches Ärgernis bildende Buntscheckigkeit, Vielge-
staltigkeit und Unübersichtlichkeit der Versicherungsaufsichts-
systeme in den deutschen Ländern und schuf mit dem am 1. Januar 1902 in Kraft getretenen Reichsgesetz über die privaten
Versicherungsunternehmungen vom 12. Mai 1901 ein einheitli-
ches Versicherungsaufsichtsrecht. Da Art. 75 EGBGB die landesrechtlichen Vorschriften des Versicherungsrechts unberührt
ließ, soweit nicht im BGB besondere Bestimmungen getroffen
wurden, das Aufsichtsgesetz aber die privatrechtliche Seite des
Versicherungsverhältnisses nicht regelte, fehlte auch nach Inkrafttreten des BGB und des Aufsichtsgesetzes weiterhin eine
reichsgesetzliche Regelung des Versicherungsvertragsrechts.

IV. Rechtsquellen des Versicherungsvertragsrecht

1. Bundesrechtliche Primärquellen

1903 veröffentlichte das Reichsjustizamt einen amtlichen
Entwurf für ein Gesetz über den Versicherungsvertrag. Abgeschlossen wurde der damit eingeleitete Gesetzgebungsvorgang
mit dem Gesetz über den Versicherungsvertrag vom 8. Mai
1908 (Nr. 1), dem noch nach über 80jähriger Geltung nachge-
rühmt wird, daß es zu den Meisterstücken der Zivilgesetzge-

Einleitung

bung gehöre und trotz langjähriger Geltung noch nicht veraltet sei, weil es kraft seiner Allgemeinbegriffe und der zugunsten des Versicherungsnehmers vorgesehenen Abänderbarkeit den Fortschritt nicht hemme.

Das Gesetz hat in seiner über 80jährigen Geltungsdauer nur wenige substantielle Änderungen erfahren. Mit den durch das Gesetz vom 7. November 1939 neu aufgenommenen §§ 158 a–h hat der Gesetzgeber anknüpfend an die Pflichtversicherung für Kraftfahrzeughalter allgemein bei gesetzlich angeordneten Haftpflichtversicherungen einen rechtlich eigenständigen Schutz des geschädigten Dritten geschaffen, der mit dem Pflichtversicherungsgesetz vom 5. April 1965 (Nr. 3) für den Bereich der Kraftfahrzeug-Haftpflichtversicherung durch die Einführung der Direktklage des Geschädigten gegen den Haftpflichtversicherer des Schädigers und den gegen einen Verkehrsopferfonds gerichteten Entschädigungsanspruch des Geschädigten bei Schädigung durch nichtversicherte oder nicht ermittelte Fahrzeuge im Wesentlichen abgeschlossen wurde.

Weitere Änderungen sind die ebenfalls 1939 erfolgte Rechtsangleichung mit Österreich (VO vom 19. Dezember 1939, Nr. 6), zum Versicherungshypothekenrecht (VO vom 28. Dezember 1942, Nr. 7), im Unfallversicherungsrecht zur Beweislast bei vermuteter Unfreiwilligkeit des Unfalls (Gesetz vom 30. Juni 1967), zu einer gemeinschaftsrechtlich veranlaßten Teilregelung der Rechtsschutzversicherung in den §§ 158 l–o (Gesetz vom 28. Juni 1990) sowie zur Einführung eines Widerrufsrechts und zum Kündigungsrecht bei längerfristigen Verträgen und bei Prämienerhöhungen (Gesetz vom 17. Dezember 1990).

Das VVG konnte bis zur Schaffung des europäischen Versicherungsbinnenmarktes zum 1. Juli 1994 mit den bis 1990 erfolgten Änderungen auskommen, weil es zusammen mit den anderen das Recht des Versicherungsvertrages bestimmenden Privatrechtsgesetzen – vor allem BGB, HGB und AGB-Gesetz – neben einem Kern zwingender und halbzwingender Vorschriften, von denen nicht zum Nachteil des Versicherungsnehmer abgewichen werden darf, abdingbares Recht normiert und damit die rechtliche Grundlage für die im Versicherungsrecht überragende Bedeutung der Allgemeinen Versicherungsbedingungen schafft, die als vereinbarter Vertragsbestandteil dem nachgiebigen Gesetzesrecht vorgehen.

Einleitung

Die Schaffung des europäischen Versicherungsbinnenmarktes zum 1. Juli 1994 mit der Aufhebung der aufsichtsamtlichen Genehmigung von Versicherungsbedingungen und in der Leben-, Kranken- und Kraftfahrzeug-Haftpflichtversicherung auch der Tarifgenehmigung hat mit dem Gesetz vom 21. Juli 1994 die umfangreichste Änderung des Versicherungsvertragsrechts seit seiner Kodifizierung im Jahre 1908 veranlaßt. Neu in das VVG aufgenommen wurde ein Titel über die bislang gesetzlich nicht besonders geregelte private Krankenversicherung, die sich erst als Inflationsfolge seit den zwanziger Jahren dieses Jahrhunderts nach der Lebensversicherung zum nächst bedeutendsten Zweig der Personenversicherung entwickelt hat und sowohl als Schadens- wie als Summenversicherung betrieben wird. Geändert wurden ferner die Bestimmungen über die Umwandlung einer Lebensversicherung in prämienfreie Versicherung und über den zukünftig nach dem Zeitwert zu berechnenden Rückkaufswert. Für alle Versicherungsverhältnisse gilt das in § 5a neugeschaffene auf zwei Wochen befristete Widerspruchsrecht des Versicherungsnehmers gegen den Vertragsschluß. Hat der Versicherungsnehmer bei Antragstellung nicht alle für das Versicherungsverhältnis maßgebenden Informationen einschließlich der Versicherungsbedingungen erhalten, kommt der Versicherungsvertrag künftig erst dann zustande, wenn der Versicherungsnehmer nach Zugang der vollständigen Unterlagen und des Versicherungsscheins nicht binnen zwei Wochen widerspricht. Anders als in der bisherigen Vertragspraxis, die im Antrag des Versicherungsnehmers ein verbindliches Angebot sah, an das er gebunden war, wird künftig der Antrag wohl nur als Aufforderung an den Versicherer zur Abgabe eines Angebots zu werten sein und erst der Verzicht auf den Widerspruch stellt vertragsrechtlich die Annahme dar.

Neben dem VVG kommen als gesetzliche Rechtsquellen des Versicherungsvertragsrechts zunächst das HGB als Rechtsquelle der Seeversicherung, das Einführungsgesetz zum VVG (Nr. **2**), das in den Art. 7 bis 15 das im Zuge der Verwirklichung des europäischen Versicherungsbinnenmarktes 1990 im Rahmen der Umsetzung von Richtlinien der europäischen Gemeinschaft geschaffene europäische Internationale Versicherungsvertragsrecht abweichend von den allgemeinen Normen des deutschen Internationalen Privatrechts des EGBGB regelt, und das Pflichtversicherungsgesetz als Rechtsquelle der Kraft-

Einleitung

fahrzeug-Haftpflichtversicherung in Betracht. Letzteres wird durch die Kraftfahrzeug-Pflichtversicherungsverordnung vom 29. Juli 1994 (Nr. **4**) ergänzt, die das bisherige Bedingungsrecht vom Status des Vertragsrechts in den das materiellen Gesetzesrechtes überführt, um nach Wegfall der aufsichtsamtlichen Bedingungsgenehmigung einen einheitlichen Verkehrsopferschutz zu gewährleisten. Privatrechtlichen Charakter haben auch einige Bestimmungen des Versicherungsaufsichtsgesetzes, das aber sonst seiner Natur nach jedoch Gewerbeaufsichtsrechts ist: z. B. § 14 Abs. 1 Satz 5 VAG[1]) sowie die dem Vereinsrecht zuzurechnenden Bestimmungen über den Versicherungsverein auf Gegenseitigkeit der §§ 15 bis 53a VAG[1]). Jüngste bundesgesetzliche Primärrechtsquelle des Versicherungsvertragsrechts ist das Gesetz zur Überleitung landesrechtlicher Gebäudeversicherungsverhältnisse vom 22. Juli 1993 (Nr. **9**). Es schafft einen bundesrechtlichen, von den betroffenen Landesgesetzgebern auszufüllenden Rahmen zur Überleitung der auf hergebrachten landesrechtlichen Versicherungsmonopolen, die ihre Wurzeln bis ins 17. Jahrhundert zurückverfolgen, beruhenden Versicherungsverhältnisse in vertragliche, uneingeschränkt dem VVG unterliegende Versicherungsverhältnisse. Die Neuordnung wurde durch die gemeinschaftsrechtlich angeordnete Aufhebung der noch bestehenden Versicherungsmonopole zum 1. Juli 1994 unabweisbar.

2. Bundesrechtliche Sekundärquellen

Neben den gesetzlichen Spezialnormen des Versicherungsrechts finden ergänzende Anwendung die allgemeinen Bestimmungen des BGB, dessen Sprachgebrauch auch für die Auslegung der im VVG verwendeten Begriffe maßgebend ist, und die Abweichungen nur insoweit zulassen, als Inhalt und System des VVG hierzu zwingen. Beispielhaft sind die Begriffe Gefahr, Interesse, Obliegenheit und Veräußerung zu nennen. Weiter kommen die Vorschriften des HGB ergänzend hinzu. Versicherungsaktiengesellschaften sind Kaufleute; für Versicherungsvereine auf Gegenseitigkeit mit Ausnahme der kleineren Vereine (§ 53 Abs. 1 VAG[1]) gelten die Vorschriften des HGB entsprechend (§ 16 VAG[1]). Ist der Versicherungsvertrag auch für den Versicherungsnehmer ein Handelsgeschäft, so gelten die

---

[1]) Siehe Beck'sche Textausgabe **Versicherungsaufsichtsgesetz Nr. 1.**

Einleitung

Zinsregelung des § 352 Abs. 1 HGB, die Sondervorschriften über das kaufmännische Zurückbehaltungsrecht nach den §§ 369–372 HGB und schließlich gehören Streitigkeiten aus diesen Versicherungsverhältnissen beim Landgericht vor die Kammer für Handelssachen (§§ 94, 95 GVG).

Von ganz besonderer Bedeutung für das Versicherungsvertragsrecht ist die ergänzende Anwendung des 1977 in Kraft getretenen AGB-Gesetzes (Nr. **12**). Allgemeine Versicherungsbedingungen unterliegen als allgemeine Geschäftsbedingungen der gerichtlichen Inhaltskontrolle nach dem AGB-Gesetz. Sie werden nur Vertragsbestandteil, wenn dies ausdrücklich vereinbart ist. Das setzt ihre Kenntnis bei Vertragsschluß voraus. Abweichend von den allgemeinen Regeln unterliegen aber nach § 23 Abs. 3 AGB-Gesetz (Nr. **12**) Versicherungsverträge den von der Aufsichtsbehörde genehmigten Versicherungsbedingungen auch dann, wenn den in § 2 Abs. 1 Nr. 1 und 2 AGB-Gesetz (Nr. **12**) aufgestellten Erfordernissen für eine Einbeziehung nicht Genüge getan worden ist. Diese Vorschrift ermöglichte es der Versicherungswirtschaft, die im Massengeschäft der Privatversicherung bislang nur genehmigte Versicherungsbedingungen verwenden durfte, die Aushändigung der Allgemeinen Versicherungsbedingungen an den Versicherungsnehmer erst mit der Aushändigung des Versicherungsscheins nach Abschluß des Versicherungsvertrages vorzunehmen. Mit dem Wegfall der Bedingungsgenehmigung entfällt für den Versicherer das Privileg des § 23 Abs. 3 AGB-Gesetz; Allgemeine Versicherungsbedingungen können künftig nur wirksam einbezogen werden, wenn der Versicherungsnehmer von ihrem Inhalt bei Abschluß des Vertrages Kenntnis hat. In diesem Zusammenhang ist das in § 5a VVG neugeschaffene Widerspruchsrecht zu verstehen.

3. Landesrechtliche Rechtsquellen

Die nach Art. 75 EGBGB unberührt gebliebenen landesrechtlichen Bestimmungen zum Versicherungsvertragsrecht hatten sich bereits mit dem Inkrafttreten des VVG am 1. Januar 1910 im Wesentlichen gestützt auf einen landesrechtlichen Vorbehalt in § 192 VVG auf die Gestaltung der landesrechtlichen Versicherungsmonopole und der dort zu begründenden Versicherungsverhältnisse reduziert. Das einschlägige Landesrecht

Einleitung

zum Versicherungsrecht war bislang historisch bedingt recht unterschiedlich als Gesetz oder Satzungsrecht normiert. Aktuelle Bedeutung hat das Landesrecht mit der jüngst erforderlich gewordenen Schaffung landesrechtlichen Überleitungsrechts bekommen, das unter Bezugnahme auf das Bundesgesetz zur Überleitung landesrechtlicher Gebäudeversicherungsverhältnisse (Nr. 9) für die jeweiligen Monopolgebiete die Überleitung dieser gesetzlichen oder durch Anstaltssatzung oder Vertrag geregelten Versicherungsverhältnisse in dem VVG unterliegende Versicherungsverträge regelt. Soweit bei öffentlich-rechtlichen Versicherungsanstalten der Länder aufgrund alter Monopolbestimmungen Versicherungsverhältnisse begründet wurden, galt Landesrecht; anderweitige bei diesen Anstalten genommene Versicherungen regelten sich nach dem VVG, jedoch galten die im VVG normierten Beschränkungen der Vertragsfreiheit und die Vorschriften über den Versicherungsagenten nicht. Die mit der Schaffung des europäischen Versicherungsbinnenmarktes angeordnete Aufhebung der noch bestehenden Versicherungsmonopole macht die öffentlich-rechtlichen Versicherungsanstalten der Länder zu Wettbewerbsversicherern in öffentlich-rechtlicher Unternehmensform, die Sonderregelungen bei den dem Schutz des Versicherungsnehmers dienenden Beschränkungen der Vertragsfreiheit nicht rechtfertigen und daher aufzuheben waren.

4. Allgemeine Versicherungsbedingungen

Rechtsquellen des Versicherungsvertragsrechts im weiteren Sinne sind auch die Allgemeinen und Besonderen Versicherungsbedingungen[1]. Als allgemeine Geschäftsbedingungen sind sie dazu bestimmt, in eine unbegrenzte Anzahl gleichartiger Versicherungsverträge als Bestandteil aufgenommen zu werden. Anders als beim gesetzlichen Sozialversicherungsverhältnis wird beim privatrechtlichen Versicherungsverhältnis erst durch den Versicherungsvertrag Inhalt und Umfang des Versicherungsschutzes, werden Leistung und Gegenleistung bestimmt. Die Schaffung allgemeiner Versicherungsbedingungen, die einer Vielzahl gleichartiger Versicherungsverträge zur

---

[1] Eine Auswahl wichtiger AVB ist in der Beck'schen Textausgabe **Allgemeine Versicherungsbedingungen** abgedruckt.

Versicherung gegen dieselbe Gefahr zugrunde gelegt werden, schaffen erst das für das Versicherungswesen typische kollektive Vertragssystem der in einer durch die Verwendung der gleichen Versicherungsbedingungen konstituierten Gefahrengemeinschaft der Versicherten. Daneben dienen die Versicherungsbedingungen wie allgemeine Geschäftsbedingungen generell der Rationalisierung des Massengeschäfts, zugleich handelt es sich aber auch und nicht zuletzt, um die für die Versicherung erforderliche Gefahrengemeinschaft konstituieren zu können, um diktierte Vertragsbedingungen, mit denen auch nach Schaffung des AGB-Gesetzes und der gerichtlichen Inhaltskontrolle der Anbieter seine eigene wirtschaftliche und rechtliche Stellung möglichst vorteilhaft abzusichern bemüht ist.

Grundsätzlich ist jedes in Geld abschätzbare Interesse, das nicht gegen ein gesetzliches Verbot oder gegen die guten Sitten verstößt, versicherbar. Das VVG kennt als Versicherungszweige die Schadens-, die Lebens-, Kranken- und die Unfallversicherung und regelt in der Schadensversicherung ausdrücklich nur die Feuer-, die Hagel-, die Tier-, die Transport-, die Haftpflicht- und seit 1990 neuestens auch die Rechtsschutzversicherung; als Personenversicherungen regelt das VVG gesondert die Lebens-, die Kranken- und die Unfallversicherung. Das Versicherungsaufsichtsgesetz kennt hingegen in Anlage A gegenwärtig 24 verschiedene Versicherungssparten und unterscheidet innerhalb der Sparten zwischen verschiedenen Risiken. In Anlage 1 ordnen die Bilanzrichtlinien für Versicherungsunternehmen 268 Versicherungsarten 24 Versicherungszweigen zu. Jede Versicherungssparte hat ihr eigenes Bedingungswerk, das erst das eigentliche Versicherungsprodukt schafft und definiert. Nach Wegfall der behördlichen Bedingungsgenehmigung wird sich das Erscheinungsbild der Versicherungsbedingungen vermutlich rasch ändern. Wurden unter dem alten Aufsichtssystem von den in Verbänden kartellartig zusammengeschlossenen Versicherern gemeinsam erarbeitete Allgemeine Versicherungsbedingungen in der Regel einheitlich verwendet, so ist künftig damit zu rechnen, daß die Versicherer die tradierten Bedingungswerke je nach Markteinschätzung und ohne staatliches Genehmigungserfordernis unternehmensbezogen einschränken oder ergänzen werden und eine Einheitlichkeit der von den Versicherern verwendeten Bedingungen nicht mehr erwartet werden kann.

Einleitung

Da Versicherungsbedingungen vereinbarter Vertragsbestandteil sind, können sie grundsätzlich auch nur durch Vereinbarung geändert werden. Die bisher bestehende Möglichkeit, Versicherungsbedingungen auch für bestehende Versicherungsverhältnisse durch Verwaltungsakt der Aufsichtsbehörde zu ändern, kann nach Wegfall der behördlichen Bedingungsgenehmigung, die unter dem Vorbehalt des Änderungseingriffs erteilt worden war, rechtlich nicht länger fortgeführt werden. Erweist sich eine Klausel in den einem Versicherungsvertrag zugrunde liegenden Versicherungsbedingungen als unwirksam und kann, weil sie leistungsbeschreibender Art ist, der Inhalt des Vertrages sich nicht nach gesetzlichen Vorschriften richten, so ist bei den kündbaren Verträgen der Schadensversicherung, wenn auch eine geltungserhaltende Reduktion nicht in Betracht kommt und wenn ein Festhalten am Vertrag für eine der Parteien eine unzumutbare Härte wäre, ein außerordentliches Kündigungsrecht des Versicherers wegen Wegfalls der Geschäftsgrundlage in Betracht zu ziehen. Grundsätzlich trägt aber der Versicherer das Risiko der von ihm verwendeten Klauseln.

Nur bei den ihrer Natur nach für den Versicherer unkündbaren Lebens- und Krankenversicherungsverträgen hat das VVG jetzt erstmalig in den §§ 172 und 178g eine gesetzliche Anpassungsmöglichkeit für Versicherungsbedingungen geschaffen, wenn eine Klausel unwirksam und die Anpassung zur Fortführung des Versicherungsverhältnisses notwendig ist, weil andernfalls ein Festhalten am Vertrag für eine der Parteien eine unzumutbare Härte wäre.

V. Einteilung der Versicherungsverträge, Beteiligte und ihre Rechtspflichten

In einer etwas mißglückten Weise stellt § 1 Abs. 1 VVG der Schadensversicherung die Personenversicherung gegenüber. Tatsächlich ist aber zwischen Schadens- und Summenversicherung und zwischen Personen- und Nichtpersonenversicherung zu unterscheiden. Die Nichtpersonenversicherung umfaßt u. a. die Sach-, die Haftpflicht- und sonstige Formen der Vermögensversicherung. Die Personenversicherung gliedert sich in die drei großen Zweige der Lebens-, Kranken- und Unfallversi-

Einleitung

cherung. Die Begriffe Schadens- und Summenversicherung bezeichnen die Art der Bedarfsdeckung. Die Schadensversicherung deckt im Versicherungsfall den konkreten Schadensbedarf, die Summenversicherung leistet bei Eintritt des Versicherungsfalls die vereinbarte Zahlung. Die Summenversicherung ist immer Personenversicherung, die Schadensversicherung kann sowohl Personen- wie Nichtpersonenversicherung sein.

Als Beteiligte am Versicherungsverhältnis kennt das Gesetz den Versicherer, den Versicherungsnehmer, den Versicherten und andere Drittbeteiligte wie bei der Haftpflichtversicherung den geschädigten Dritten, in der Feuerversicherung den Realgläubiger oder den Erwerber der veräußerten Sache sowie in der Personenversicherung den Bezugsberechtigten. Schließlich ist der Versicherungsvermittler zu nennen, der selbständiger Handelsvertreter nach HGB bzw. Handlungsgehilfe des Versicherers sein kann oder als selbständiger Versicherungsmakler und damit als Handelsmakler nach HGB in einem doppelten Rechtsverhältnis dem Versicherungsnehmer ebenso wie dem Versicherer bei Pflichtverletzungen haftet, aber sein Courtage kraft Gewohnheitsrecht bisher abweichend von § 99 HGB allein vom Versicherer erhält.

Mit Abschluß des Versicherungsvertrages übernimmt der Versicherungsnehmer Rechtspflichten und Obliegenheiten. Die Rechtspflichten sind objektive, vom Versicherer einklagbare Pflichten des Versicherungsnehmers, deren wichtigste die Prämienzahlung zum Gegenstand hat. Die Obliegenheiten sind dem Versicherungsverhältnis eigentümliche Verhaltensnormen, die nicht einklagbar sind, deren schuldhafte Nichtbeachtung durch den Versicherungsnehmer den Versicherer aber von seiner Verpflichtung zur Leistung befreit. Will der Versicherungsnehmer seinen Anspruch auf Versicherungsleistung nicht verlieren, so hat er die gesetzlich geregelten oder vertraglich vereinbarten Obliegenheiten, die je nach Eigenart vor oder nach Eintritt des Versicherungsfalls zu erfüllen sind, zu beachten.

Der Prämienzahlung des Versicherungsnehmers steht als vertragliche Hauptleistung des Versicherers die Gefahrtragung gegenüber. Sie ist eine Dauerleistung. Der Versicherer trägt während der Laufzeit des Versicherungsvertrages die Gefahr und bietet dafür Versicherungsschutz, aus dem mit Eintritt des Versicherungsfalls als dessen Rechtsfolge ein konkreter Anspruch auf Versicherungsleistung erwächst. Übernimmt der Versiche-

Einleitung

rer schon vor wirksamem Vertragsabschluß Versicherungsschutz, so spricht das Gesetz von sofortigem Versicherungsschutz und von vorläufiger Deckung; kommt der Vertrag entgegen der Erwartung der Parteien nicht endgültig zustande gebührt dem Versicherer aber jedenfalls die Prämie für den vorläufigen Versicherungsschutz.

Steht dem Versicherungsnehmer als Versicherer ein in der
Rechtsform der Aktiengesellschaft verfaßtes Versicherungsunternehmen oder eines der bei Lloyd's of London gebildeten
Syndikate von Einzelversicherern gegenüber, so beschränken
sich die gegenseitigen Rechte und Pflichten der Vertragspartei-
en allein auf die sich aus dem Vertrag kraft Gesetzes oder Vereinbarung ergebenden Rechte und Pflichten.

Ist Versicherer jedoch ein Gegenseitigkeitsverein und vermittelt der Versicherungsvertrag zugleich für den Versicherungsnehmer die Mitgliedschaft in diesem Gegenseitigkeitsverein, so
wird der Versicherungsnehmer durch das dem Gegenseitigkeitsverein eigentümliche Elemente der gemeinsamen Gefahrtragung und der gemeinsamen, verhältnismäßigen Aufbrin-
gung der für den Versicherungsbetrieb erforderlichen Mittel
durch seine Mitglieder auch zum Mitversicherer seiner selbst
und der übrigen Vereinsmitglieder. Über die sich aus dem Versicherungsverhältnis nach dem Versicherungsvertragsrecht ergebenden Rechte und Pflichten erwachsen dem Versicherungsnehmer hierdurch als Vereinsmitglied des Gegenseitigkeitsver-
eins weitere Rechte und Pflichten. Der Grundsatz der Gegenseitigkeit wirkt aber auch unmittelbar in das Versicherungsverhältnis hinein, weil sich aus ihm die Gleichheit von Entgelt und
Versicherungsleistung bei gleichen Voraussetzungen und die
Beteiligung des Mitglieds an den wirtschaftlichen Ergebnissen
des Vereins ergibt. Weil der besondere Zweck des Versiche-
rungsvereins auf Gegenseitigkeit in der Versicherung seiner
Mitglieder besteht, sind seine Versicherungsbedingungen ihrer
Natur nach Satzungsrecht und sofern sie kein förmlicher Bestandteil der Satzung sind, können sie auch dann nur mit Zustimmung oder Genehmigung der obersten Vertretung geändert oder neu eingeführt werden.

Handelt es sich um eine öffentlich-rechtliche Versicherungsanstalt eines Landes, wird nach Aufhebung der landesrechtlichen Versicherungsmonopole und mit Wegfall der für diese
Anstalten bisher geltenden Befreiung von den Beschränkungen

der Vertragsfreiheit nach dem VVG künftig das Rechtsverhältnis zum Versicherungsnehmer nur noch durch das VVG bestimmt sein, nicht mehr durch landesrechtliche Bestimmungen über Anstaltsnutzung, Umlage- und Nachschußpflicht u. ä.

VI. Zu dieser Textausgabe

Die vorliegende Textausgabe enthält mit Ausnahme des in den §§ 778 bis 900 HGB geregelten Seeversicherungsrechts die geltenden bundesrechtlichen Primärrechtsquellen des Versicherungsvertragsrechts: VVG (Nr. **1**), EGVVG (Nr. **2**), Pflichtversicherungsgesetz (Nr. **3**), als neueste Kodifikate das Gesetz zur Überleitung landesrechtlicher Gebäudeversicherungsverhältnisse vom 22. Juli 1993 (Nr. **9**) und die Kraftfahrzeug-Pflichtversicherungsverordnung vom 29. Juli 1994 (Nr. **4**), die für die Kraftfahrzeug-Haftpflichtversicherung als zwingendes Recht die Haftpflichtbestimmungen der Allgemeinen Bedingungen für die Kraftfahrtversicherung (AKB) nunmehr überlagern. Auszugsweise aufgenommen sind die Verordnung über den Entschädigungsfonds für Schäden aus Kraftfahrzeugunfällen vom 14. Dezember 1965 (Nr. **5**) und die Fragen des Versicherungshypothekenrechts regelnde Verordnung zur Ergänzung und Änderung des Gesetzes über den Versicherungsvertrag vom 28. Dezember 1942 (Nr. **7**). Als wichtige, das primäre Versicherungsvertragsrecht ergänzende gesetzliche Rechtsquelle ist das AGB-Gesetz (Nr. **12**) abgedruckt. Auf das gesetzliche Seeversicherungsrecht konnte leicht verzichtet werden, weil es als Handelsrecht abdingbar ist und in der Praxis der Transport- und Seeversicherung seit je durch die Allgemeinen Deutschen Seeversicherungs-Bedingungen (ADS) von 1919, zuletzt 1983 durch die Besonderen Bestimmungen für die Güterversicherung überarbeitet und ergänzt, abbedungen wird.

1. Gesetz über den Versicherungsvertrag

Vom 30. Mai 1908 (RGBl. S. 263)[1).2)]

BGBl. III 7632-1

Geändert durch Gesetz vom 20. Dezember 1911 (RGBl. S. 985), Verordnung vom 12. Februar 1924 (RGBl. I S. 65), Gesetz vom 7. November 1939 (RGBl. I S. 2223),[2] Verordnung vom 19. Dezember 1939 (RGBl. I S. 2443),[3] Verordnung vom 3. November 1942 (RGBl. I S. 636), Verordnung vom 28. Dezember 1942 (RGBl. I S. 740),[4] Verordnung vom 6. April 1943 (RGBl. I S. 178),[5] Gesetz vom 5. April 1965 (BGBl. I S. 213), Gesetz vom 30. Juni 1967 (BGBl. I S. 609), Gesetz vom 28. Juni 1990 (BGBl. I S. 1249),[7] Gesetz vom 12. September 1990 (BGBl. I S. 2002) und Gesetz vom 17. Dezember 1990 (BGBl. I S. 2864)[7] und Gesetz vom 21. Juli 1994 (BGBl. I S. 1630)[8]

[1)] Begründung: Reichstagsdrucksache Nr. 364, 12. Legislaturperiode I. Session 1907.
[2)] Zum Übergangsrecht siehe Nr. **1a**.
[3)] Begründung: Deutsche Justiz 1939, 1771.
[4)] Begründung: Beilage zur Deutschen Justiz 1940 Nr. 3.
[5)] Begründung: Deutsche Justiz 1943, 41.
[6)] Begründung: Deutsche Justiz 1943, 269.
[7)] Begründung: Bundestagsdrucksache 11/6341; Ausschußbericht: Bundestagsdrucksache 11/7230 und 11/8321.
[8)] Begründung: Bundestagsdrucksache 12/6959; Ausschußbericht: Bundestagsdrucksache 12/7595; Vermittlungsergebnis: Bundestagsdrucksache 12/7831.

Erster Abschnitt. Vorschriften für sämtliche Versicherungszweige

Erster Titel. Allgemeine Vorschriften

§ 1 [Pflichten des Versicherers und des Versicherungsnehmers] (1) [1]Bei der Schadensversicherung ist der Versicherer verpflichtet, nach dem Eintritt des Versicherungsfalls dem Versicherungsnehmer den dadurch verursachten Vermögensschaden nach Maßgabe des Vertrags zu ersetzen. [2]Bei der Lebensversicherung und der Unfallversicherung sowie bei anderen Arten der Personenversicherung ist der Versicherer verpflichtet, nach dem Eintritt des Versicherungsfalls den vereinbarten Betrag an Kapital oder Rente zu zahlen oder die sonst vereinbarte Leistung zu bewirken.

(2) [1]Der Versicherungsnehmer hat die vereinbarte Prämie zu entrichten. [2]Als Prämien im Sinne dieses Gesetzes gelten auch die bei Versicherungsunternehmungen auf Gegenseitigkeit zu entrichtenden Beiträge.

§ 2 [Vereinbarte Rückwirkung] (1) Die Versicherung kann in der Weise genommen werden, daß sie in einem vor der Schließung des Vertrags liegenden Zeitpunkte beginnt.

(2) [1]Weiß in diesem Falle der Versicherer bei der Schließung des Vertrags, daß die Möglichkeit des Eintritts des Versicherungsfalls schon ausgeschlossen ist, so steht ihm ein Anspruch auf die Prämie nicht zu. [2]Weiß der Versicherungsnehmer bei der Schließung des Vertrags, daß der Versicherungsfall schon eingetreten ist, so ist der Versicherer von der Verpflichtung zur

Leistung frei; dem Versicherer gebührt, sofern er nicht bei der Schließung von dem Eintritt des Versicherungsfalls Kenntnis hatte, die Prämie bis zum Schluß der Versicherungsperiode, in welcher er diese Kenntnis erlangt.

(3) Wird der Vertrag durch einen Bevollmächtigten oder einen Vertreter ohne Vertretungsmacht geschlossen, so kommt in den Fällen des Absatzes 2 nicht nur die Kenntnis des Vertreters, sondern auch die des Vertretenen in Betracht.

§ 3[1] [Versicherungsschein] (1) [1]Der Versicherer ist verpflichtet, eine von ihm unterzeichnete Urkunde über den Versicherungsvertrag (Versicherungsschein) dem Versicherungsnehmer auszuhändigen. [2]Eine Nachbildung der eigenhändigen Unterschrift genügt.

(2) [1]Ist ein Versicherungsschein abhanden gekommen oder vernichtet, so kann der Versicherungsnehmer von dem Versicherer die Ausstellung einer Ersatzurkunde verlangen. [2]Unterliegt der Versicherungsschein der Kraftloserklärung, so ist der Versicherer erst nach der Kraftloserklärung zur Ausstellung verpflichtet.

(3) [1]Der Versicherungsnehmer kann jederzeit Abschriften der Erklärungen fordern, die er mit Bezug auf den Vertrag abgegeben hat. [2]Der Versicherer hat ihn bei der Aushändigung des Versicherungsscheins auf dieses Recht aufmerksam zu machen. [3]Bedarf der Versicherungsnehmer der Abschriften für die Vornahme von Handlungen gegenüber dem Versicherer, die an eine bestimmte Frist gebunden sind, und sind sie ihm nicht schon früher vom Versicherer ausgehändigt worden, so ist der Lauf der Frist von der Stellung des Verlangens bis zum Eingang der Abschriften gehemmt.

(4) Die Kosten der Ersatzurkunde sowie der Abschriften hat der Versicherungsnehmer zu tragen und auf Verlangen vorzuschießen.

(5) Wird der Vertrag nicht durch eine Niederlassung des Versicherers im Geltungsbereich dieses Gesetzes abgeschlossen, so ist im Versicherungsschein die Anschrift des Versicherers und

---

[1] § 3 Abs. 1 Satz 2 und Abs. 3 Satz 3 eingef. durch VO v. 19. 12. 1939 (RGBl. I S. 2443), Abs. 5 eingef. durch G v. 28. 6. 1990 (BGBl. I S. 1249).

der Niederlassung, über die der Vertrag abgeschlossen worden ist, anzugeben.

§ 4 [Versicherungsschein auf den Inhaber] (1) Wird ein Versicherungsschein auf den Inhaber ausgestellt, so treten die in § 808 des Bürgerlichen Gesetzbuchs[1] bestimmten Wirkungen ein.

(2) [1]Ist im Vertrag bestimmt, daß der Versicherer nur gegen Rückgabe des Versicherungsscheins zu leisten hat, so genügt, wenn der Versicherungsnehmer behauptet, zur Rückgabe außerstande zu sein, das öffentlich beglaubigte Anerkenntnis, daß die Schuld erloschen sei. [2]Diese Vorschrift findet keine Anwendung, wenn der Versicherungsschein der Kraftloserklärung unterliegt.

§ 5[2] [Billigungsklausel und Widerspruchsfrist] (1) Weicht der Inhalt des Versicherungsscheins von dem Antrag oder den getroffenen Vereinbarungen ab, so gilt die Abweichung als genehmigt, wenn der Versicherungsnehmer nicht innerhalb eines Monats nach Empfang des Versicherungsscheins schriftlich widerspricht.

(2) [1]Diese Genehmigung ist jedoch nur dann anzunehmen, wenn der Versicherer den Versicherungsnehmer bei Aushändi-

---

[1] **BGB § 808.** (1) Wird eine Urkunde, in welcher der Gläubiger benannt ist, mit der Bestimmung ausgegeben, daß die in der Urkunde versprochene Leistung an jeden Inhaber bewirkt werden kann, so wird der Schuldner durch die Leistung an den Inhaber der Urkunde befreit. Der Inhaber ist nicht berechtigt, die Leistung zu verlangen.

(2) Der Schuldner ist nur gegen Aushändigung der Urkunde zur Leistung verpflichtet. Ist die Urkunde abhanden gekommen oder vernichtet, so kann sie, wenn nicht ein anderes bestimmt ist, im Wege des Aufgebotsverfahrens für kraftlos erklärt werden. Die im § 802 für die Verjährung gegebenen Vorschriften finden Anwendung.

BGB § 802. Der Beginn und der Lauf der Vorlegungsfrist sowie der Verjährung werden durch die Zahlungssperre zugunsten des Antragstellers gehemmt. Die Hemmung beginnt mit der Stellung des Antrags auf Zahlungssperre; sie endigt mit der Erledigung des Aufgebotsverfahrens und, falls die Zahlungssperre vor der Einleitung des Verfahrens verfügt worden ist, auch dann, wenn seit der Beseitigung des der Einleitung entgegenstehenden Hindernisses sechs Monate verstrichen sind und nicht vorher die Einleitung beantragt worden ist. Auf diese Frist finden die Vorschriften der §§ 203, 206, 207 entsprechende Anwendung.

[2] § 5 i. d. F. der VO v. 19. 12. 1939 (RGBl. I S. 2443).

gung des Versicherungsscheins darauf hingewiesen hat, daß Abweichungen als genehmigt gelten, wenn der Versicherungsnehmer nicht innerhalb eines Monats nach Empfang des Versicherungsscheins schriftlich widerspricht. [2]Der Hinweis hat durch besondere schriftliche Mitteilung oder durch einen auffälligen Vermerk in dem Versicherungsschein, der aus dem übrigen Inhalt des Versicherungsscheins hervorgehoben ist, zu geschehen; auf die einzelnen Abweichungen ist besonders aufmerksam zu machen.

(3) Hat der Versicherer den Vorschriften des Absatzes 2 nicht entsprochen, so ist die Abweichung für den Versicherungsnehmer unverbindlich und der Inhalt des Versicherungsantrags insoweit als vereinbart anzusehen.

(4) Eine Vereinbarung, durch welche der Versicherungsnehmer darauf verzichtet, den Vertrag wegen Irrtums anzufechten, ist unwirksam.

§ 5a[1), 2)] **[Widerspruchsrecht]** (1) [1]Hat der Versicherer dem Versicherungsnehmer bei Antragstellung die Versicherungsbedingungen nicht übergeben oder eine Verbraucherinformation nach § 10a des Versicherungsaufsichtsgesetzes unterlassen, so gilt der Vertrag auf der Grundlage des Versicherungsscheins, der Versicherungsbedingungen und der weiteren für den Vertragsinhalt maßgeblichen Verbraucherinformation als abgeschlossen, wenn der Versicherungsnehmer nicht innerhalb von vierzehn Tagen nach Überlassung der Unterlagen schriftlich widerspricht. [2]Satz 1 ist nicht auf Versicherungsverträge bei Pensionskassen anzuwenden, die auf arbeitsvertraglichen Regelungen beruhen. [3]§ 5 bleibt unberührt.

(2) [1]Der Lauf der Frist beginnt erst, wenn dem Versicherungsnehmer der Versicherungsschein und die Unterlagen nach Absatz 1 vollständig vorliegen und der Versicherungsnehmer bei Aushändigung des Versicherungsscheins schriftlich, in drucktechnisch deutlicher Form über das Widerspruchsrecht,

---

[1)] § 5a eingef. durch G v. 21. 7. 1994 (BGBl. I S. 1630).
[2)] Auf Versicherungsverträge, die bis zum 31. Dezember 1994 zu von der Aufsichtsbehörde genehmigten Versicherungsbedingungen geschlossen werden, findet § 5a keine Anwendung (§ 11 Art. 16 G v. 21. 7. 1994, Nr. **1a**).

den Fristbeginn und die Dauer belehrt worden ist. [2]Der Nachweis über den Zugang der Unterlagen obliegt dem Versicherer. [3]Zur Wahrung der Frist genügt die rechtzeitige Absendung des Widerspruchs. [4]Abweichend von Satz 1 erlischt das Recht zum Widerspruch jedoch ein Jahr nach Zahlung der ersten Prämie.

(3) [1]Gewährt der Versicherer auf besonderen Antrag des Versicherungsnehmers sofortigen Versicherungsschutz, so kann der Verzicht auf Überlassung der Versicherungsbedingungen und der Verbraucherinformation bei Vertragsschluß vereinbart werden. [2]Die Unterlagen sind dem Versicherungsnehmer auf Anforderung, spätestens mit dem Versicherungsschein zu überlassen. [3]Wenn der Versicherungsvertrag sofortigen Versicherungsschutz gewährt, hat der Versicherungsnehmer insoweit kein Widerspruchsrecht nach Absatz 1.

§ 6[1] **[Obliegenheitsverletzung]** (1) [1]Ist im Vertrag bestimmt, daß bei Verletzung einer Obliegenheit, die vor dem Eintritt des Versicherungsfalls dem Versicherer gegenüber zu erfüllen ist, der Versicherer von der Verpflichtung zur Leistung frei sein soll, so tritt die vereinbarte Rechtsfolge nicht ein, wenn die Verletzung als eine unverschuldete anzusehen ist. [2]Der Versicherer kann den Vertrag innerhalb eines Monats, nachdem er von der Verletzung Kenntnis erlangt hat, ohne Einhaltung einer Kündigungsfrist kündigen, es sei denn, daß die Verletzung als eine unverschuldete anzusehen ist. [3]Kündigt der Versicherer innerhalb eines Monats nicht, so kann er sich auf die vereinbarte Leistungsfreiheit nicht berufen.

(2) Ist eine Obliegenheit verletzt, die von dem Versicherungsnehmer zum Zweck der Verminderung der Gefahr oder der Verhütung einer Gefahrerhöhung dem Versicherer gegenüber zu erfüllen ist, so kann sich der Versicherer auf die vereinbarte Leistungsfreiheit nicht berufen, wenn die Verletzung keinen Einfluß auf den Eintritt des Versicherungsfalls oder den Umfang der ihm obliegenden Leistung gehabt hat.

(3) [1]Ist die Leistungsfreiheit für den Fall vereinbart, daß eine Obliegenheit verletzt wird, die nach dem Eintritt des Versicherungsfalls dem Versicherer gegenüber zu erfüllen ist, so tritt die vereinbarte Rechtsfolge nicht ein, wenn die Verletzung weder

---

[1] § 6 i. d. F. des Gesetzes v. 7. 11. 1939 (RGBl. I S. 2223), der VO v. 19. 12. 1939 (RGBl. I S. 2443) und der VO v. 28. 12. 1942 (RGBl. I S. 740).

auf Vorsatz noch auf grober Fahrlässigkeit beruht. [2]Bei grobfahrlässiger Verletzung bleibt der Versicherer zur Leistung insoweit verpflichtet, als die Verletzung Einfluß weder auf die
Feststellung des Versicherungsfalls noch auf die Feststellung
oder den Umfang der dem Versicherer obliegenden Leistung
gehabt hat.

(4) Eine Vereinbarung, nach welcher der Versicherer bei Verletzung einer Obliegenheit zum Rücktritt berechtigt sein soll,
ist unwirksam.

(5) *(aufgehoben)*

§ 7[1] **[Beginn der Versicherung]** (1)[1]Ist die Dauer der Versicherung nach Tagen, Wochen, Monaten oder nach einem mehrere Monate umfassenden Zeitraum bestimmt, so beginnt die
Versicherung am Mittag des Tages, an welchem der Vertrag
geschlossen wird. [2]Sie endigt am Mittag des letzten Tages der
Frist.

(2) Absatz 1 findet auf die Krankenversicherung keine Anwendung.

§ 8[2), 3)] **[Stillschweigende Verlängerung; dauernde Versicherung; Kündigung; Widerruf; Rücktritt]** (1) Eine Vereinbarung, nach welcher ein Versicherungsverhältnis als stillschweigend verlängert gilt, wenn es nicht vor dem Ablauf der
Vertragszeit gekündigt wird, ist insoweit nichtig, als sich die
jedesmalige Verlängerung auf mehr als ein Jahr erstrecken soll.

(2) [1]Ist ein Versicherungsverhältnis auf unbestimmte Zeit
eingegangen (dauernde Versicherung), so kann es von beiden
Teilen nur für den Schluß der laufenden Versicherungsperiode
gekündigt werden. [2]Die Kündigungsfrist muß für beide Teile
gleich sein und darf nicht weniger als einen Monat, nicht mehr
als drei Monate betragen. [3]Auf das Kündigungsrecht können

---

[1] § 7 Satz 1 und 2 werden Abs. 1, Abs. 2 angef. durch G v. 21. 7. 1994
(BGBl. I S. 1630).
[2] § 8 Abs. 2 angef. durch VO v. 19. 12. 1939 (RGBl. I S. 2443), Abs. 3 und
4 angef. durch G v. 17. 12. 1990 (BGBl. I S. 2864), Abs. 3 und 4 neugef.,
Abs. 5 und 6 angef. durch G v. 21. 7. 1994 (BGBl. I S. 1630).
[3] § 8 Abs. 3 ist nicht anzuwenden auf Versicherungsverträge, die **vor dem
24. Juni 1994** geschlossen worden sind, s. Art. 16 § 5 Abs. 3 G v. 21. 7. 1994
(Nr. **1a**).

die Parteien in gegenseitigem Einverständnis bis zur Dauer von zwei Jahren verzichten.

(3) [1]Ein Versicherungsverhältnis, das für eine Dauer von mehr als fünf Jahren eingegangen worden ist, kann zum Ende des fünften oder jedes darauf folgenden Jahres unter Einhaltung einer Frist von drei Monaten gekündigt werden. [2]Satz 1 gilt nicht für die Lebens- und Krankenversicherung.

(4)[1)] [1]Wird mit Ausnahme der Lebensversicherung ein Versicherungsverhältnis mit einer längeren Laufzeit als einem Jahr geschlossen, so kann der Versicherungsnehmer innerhalb einer Frist von vierzehn Tagen ab Unterzeichnung des Versicherungsantrages seine auf den Vertragsabschluß gerichtete Willenserklärung schriftlich widerrufen. [2]Zur Wahrung der Frist genügt die rechtzeitige Absendung des Widerrufs. [3]Die Frist beginnt erst zu laufen, wenn der Versicherer den Versicherungsnehmer über sein Widerrufsrecht belehrt und der Versicherungsnehmer die Belehrung durch Unterschrift bestätigt hat. [4]Unterbleibt die Belehrung, so erlischt das Widerrufsrecht einen Monat nach Zahlung der ersten Prämie. [5]Das Widerrufsrecht besteht nicht, wenn und soweit der Versicherer auf Wunsch des Versicherungsnehmers sofortigen Versicherungsschutz gewährt oder wenn die Versicherung nach dem Inhalt des Antrags für die bereits ausgeübte gewerbliche oder selbständige berufliche Tätigkeit des Versicherungsnehmers bestimmt ist.

(5) [1]Bei der Lebensversicherung kann der Versicherungsnehmer innerhalb einer Frist von vierzehn Tagen nach Abschluß des Vertrages vom Vertrag zurücktreten. [2]Zur Wahrung der Frist genügt die rechtzeitige Absendung der Rücktrittserklärung. [3]Die Frist beginnt erst zu laufen, wenn der Versicherer den Versicherungsnehmer über sein Rücktrittsrecht belehrt und der Versicherungsnehmer die Belehrung durch Unterschrift bestätigt hat. [4]Unterbleibt die Belehrung, so erlischt das Rücktrittsrecht einen Monat nach Zahlung der ersten Prämie. [5]Die Sätze 1 bis 4 finden keine Anwendung auf Versicherungsver-

---

[1)] Vgl. hierzu § 6 HaustürwiderrufG v. 16. 1. 1986 (BGBl. I S.122, geänd. durch VerbraucherkreditG v. 17. 12. 1990, BGBl. I S. 2840), wo es unter Nr. 2 heißt, die Vorschriften dieses Gesetzes (HaustürWG) finden keine Anwendung „beim Abschluß von Versicherungsverträgen".

hältnisse bei Pensionskassen, die auf arbeitsvertraglichen Regelungen beruhen.

(6) Die Absätze 4 und 5 finden keine Anwendung, soweit der Versicherungsnehmer ein Widerspruchsrecht nach § 5 a hat.

§ 9 [Versicherungsperiode] Als Versicherungsperiode im Sinne dieses Gesetzes gilt, falls nicht die Prämie nach kürzeren Zeitabschnitten bemessen ist, der Zeitraum eines Jahres.

§ 10 [Wohnungsänderung] (1) ¹Hat der Versicherungsnehmer seine Wohnung geändert, die Änderung aber dem Versicherer nicht mitgeteilt, so genügt für eine Willenserklärung, die dem Versicherungsnehmer gegenüber abzugeben ist, die Absendung eines eingeschriebenen Briefes nach der letzten dem Versicherer bekannten Wohnung. ²Die Erklärung wird in dem Zeitpunkt wirksam, in welchem sie ohne die Wohnungsänderung bei regelmäßiger Beförderung dem Versicherungsnehmer zugegangen sein würde.

(2) Hat der Versicherungsnehmer die Versicherung in seinem Gewerbebetrieb genommen, so finden bei einer Verlegung der gewerblichen Niederlassung die Vorschriften des Absatzes 1 entsprechende Anwendung.

§ 11¹⁾ [Fälligkeit der Geldleistungen des Versicherers]

(1) Geldleistungen des Versicherers sind mit Beendigung der zur Feststellung des Versicherungsfalls und des Umfangs der Leistung des Versicherers nötigen Erhebungen fällig.

(2) Sind diese Erhebungen bis zum Ablauf eines Monats seit der Anzeige des Versicherungsfalls nicht beendet, so kann der Versicherungsnehmer in Anrechnung auf die Gesamtforderung Abschlagszahlungen in Höhe des Betrages verlangen, den der Versicherer nach Lage der Sache mindestens zu zahlen hat.

(3) Der Lauf der Frist ist gehemmt, solange die Beendigung der Erhebungen infolge eines Verschuldens des Versicherungsnehmers gehindert ist.

(4) Eine Vereinbarung, durch welche der Versicherer von der Verpflichtung, Verzugszinsen zu zahlen, befreit wird, ist unwirksam.

---

¹⁾ § 11 und § 12 Abs. 2 und 3 i. d. F. der VO v. 19. 12. 1939 (RGBl. I S. 2443).

§ 12[1] [Verjährung; Klagefrist] (1) [1]Die Ansprüche aus dem Versicherungsvertrag verjähren in zwei Jahren, bei der Lebensversicherung in fünf Jahren. [2]Die Verjährung beginnt mit dem Schluß des Jahres, in welchem die Leistung verlangt werden kann.

(2) Ist ein Anspruch des Versicherungsnehmers bei dem Versicherer angemeldet worden, so ist die Verjährung bis zum Eingang der schriftlichen Entscheidung des Versicherers gehemmt.

(3) [1]Der Versicherer ist von der Verpflichtung zur Leistung frei, wenn der Anspruch auf die Leistung nicht innerhalb von sechs Monaten gerichtlich geltend gemacht wird. [2]Die Frist beginnt erst, nachdem der Versicherer dem Versicherungsnehmer gegenüber den erhobenen Anspruch unter Angabe der mit dem Ablauf der Frist verbundenen Rechtsfolge schriftlich abgelehnt hat.

§ 13[2] [Konkurs des Versicherers] [1]Wird über das Vermögen des Versicherers der Konkurs eröffnet, so endigt das Versicherungsverhältnis mit dem Ablauf eines Monats seit der Eröffnung; bis zu diesem Zeitpunkt bleibt es der Konkursmasse gegenüber wirksam. [2]Soweit das Versicherungsaufsichtsgesetz besondere Vorschriften über die Wirkungen der Konkurseröffnung enthält, bewendet es bei diesen Vorschriften.

§ 14[3] [Konkurs oder Vergleichsverfahren des Versicherungsnehmers; Zwangsverwaltung] (1) Der Versicherer kann sich für den Fall der Eröffnung des Konkurses oder des Vergleichsverfahrens über das Vermögen des Versicherungsnehmers die Befugnis ausbedingen, das Versicherungsverhältnis mit einer Frist von einem Monat zu kündigen.

(2) Das gleiche gilt für den Fall, daß die Zwangsverwaltung des versicherten Grundstücks angeordnet wird.

§ 15 [Unpfändbare Sachen] Soweit sich die Versicherung auf unpfändbare Sachen bezieht, kann die Forderung aus der Versicherung nur an solche Gläubiger des Versicherungsnehmers übertragen werden, die diesem zum Ersatz der zerstörten oder beschädigten Sachen andere Sachen geliefert haben.

---

[2] § 13 Satz 2 i. d. F. der VO v. 19. 12. 1939 (RGBl. I S. 2443).
[3] § 14 i. d. F. der VO v. 19. 12. 1939 (RGBl. I S. 2443).

§ 15 a[1) [Schutz des Versicherungsnehmers] Auf eine Vereinbarung, durch welche von den Vorschriften des § 3 Abs. 3 und 5, § 5 Abs. 1 bis 3, § 5a, § 6 Abs. 1 bis 3, § 8 Abs. 2 bis 5, § 11 Abs. 2, §§ 12, 14 zum Nachteil des Versicherungsnehmers abgewichen wird, kann sich der Versicherer nicht berufen.

Zweiter Titel. Anzeigepflicht. Gefahrerhöhung

§ 16[2) [Anzeigepflicht des Versicherungsnehmers]
(1) [1]Der Versicherungsnehmer hat bei der Schließung des Vertrags alle ihm bekannten Umstände, die für die Übernahme der Gefahr erheblich sind, dem Versicherer anzuzeigen. [2]Erheblich sind die Gefahrumstände, die geeignet sind, auf den Entschluß des Versicherers, den Vertrag überhaupt oder zu dem vereinbarten Inhalt abzuschließen, einen Einfluß auszuüben. [3]Ein Umstand, nach welchem der Versicherer ausdrücklich und schriftlich gefragt hat, gilt im Zweifel als erheblich.

(2) [1]Ist dieser Vorschrift zuwider die Anzeige eines erheblichen Umstandes unterblieben, so kann der Versicherer von dem Vertrag zurücktreten. [2]Das gleiche gilt, wenn die Anzeige eines erheblichen Umstandes deshalb unterblieben ist, weil sich der Versicherungsnehmer der Kenntnis des Umstandes arglistig entzogen hat.

(3) Der Rücktritt ist ausgeschlossen, wenn der Versicherer den nicht angezeigten Umstand kannte oder wenn die Anzeige ohne Verschulden des Versicherungsnehmers unterblieben ist.

§ 17 [Unrichtige Anzeige] (1) Der Versicherer kann von dem Vertrag auch dann zurücktreten, wenn über einen erheblichen Umstand eine unrichtige Anzeige gemacht worden ist.

(2) Der Rücktritt ist ausgeschlossen, wenn die Unrichtigkeit dem Versicherer bekannt war oder die Anzeige ohne Verschulden des Versicherungsnehmers unrichtig gemacht worden ist.

[1) § 15a eingef. durch VO v. 19. 12. 1939 (RGBl. I S. 2443), geänd. durch G v. 17. 12. 1990 (BGBl. I S. 2864), geänd. durch G v. 21. 7. 1994 (BGBl. I S. 1630).
[2) § 16 Abs. 1 S. 2 und 3 i. d. F. der VO v. 19. 12. 1939 (RGBl. I S. 2443).

§ 18[1] [Schriftliche Fragen; Rücktritt des Versicherers]

(1) *(aufgehoben)*

(2) Hatte der Versicherungsnehmer die Gefahrumstände an Hand schriftlicher, von dem Versicherer gestellter Fragen anzuzeigen, so kann der Versicherer wegen unterbliebener Anzeige eines Umstandes, nach welchem nicht ausdrücklich gefragt worden ist, nur im Fall arglistiger Verschweigung zurücktreten.

§ 19 [Vertragsabschluß durch Vertreter]
[1]Wird der Vertrag von einem Bevollmächtigten oder von einem Vertreter ohne Vertretungsmacht geschlossen, so kommt für das Rücktrittsrecht des Versicherers nicht nur die Kenntnis und die Arglist des Vertreters, sondern auch die Kenntnis und die Arglist des Versicherungsnehmers in Betracht. [2]Der Versicherungsnehmer kann sich darauf, daß die Anzeige eines erheblichen Umstandes ohne Verschulden unterblieben oder unrichtig gemacht ist, nur berufen, wenn weder dem Vertreter noch ihm selbst ein Verschulden zur Last fällt.

§ 20 [Rücktritt]
(1) [1]Der Rücktritt kann nur innerhalb eines Monats erfolgen. [2]Die Frist beginnt mit dem Zeitpunkt, in welchem der Versicherer von der Verletzung der Anzeigepflicht Kenntnis erlangt.

(2) [1]Der Rücktritt erfolgt durch Erklärung gegenüber dem Versicherungsnehmer. [2]Im Fall des Rücktritts sind, soweit dieses Gesetz nicht in Ansehung der Prämie ein anderes bestimmt, beide Teile verpflichtet, einander die empfangenen Leistungen zurückzugewähren; eine Geldsumme ist von der Zeit des Empfangs an zu verzinsen.

§ 21 [Leistungspflicht trotz Rücktritt]
Tritt der Versicherer zurück, nachdem der Versicherungsfall eingetreten ist, so bleibt seine Verpflichtung zur Leistung gleichwohl bestehen, wenn der Umstand, in Ansehung dessen die Anzeigepflicht verletzt ist, keinen Einfluß auf den Eintritt des Versicherungsfalls und auf den Umfang der Leistung des Versicherers gehabt hat.

---

[1] § 18 Abs. 1 aufgeh. durch VO v. 19. 12. 1939 (RGBl. I S. 2443).

§ 22 [Täuschungsanfechtung] Das Recht des Versicherers, den Vertrag wegen arglistiger Täuschung über Gefahrumstände anzufechten, bleibt unberührt.

§ 23 [Gefahrerhöhung nach Vertragsabschluß] (1) Nach dem Abschluß des Vertrags darf der Versicherungsnehmer nicht ohne Einwilligung des Versicherers eine Erhöhung der Gefahr vornehmen oder deren Vornahme durch einen Dritten gestatten.

(2) Erlangt der Versicherungsnehmer Kenntnis davon, daß durch eine von ihm ohne Einwilligung des Versicherers vorgenommene oder gestattete Änderung die Gefahr erhöht ist, so hat er dem Versicherer unverzüglich Anzeige zu machen.

§ 24 [Fristlose Kündigung wegen Gefahrerhöhung]
(1) [1]Verletzt der Versicherungsnehmer die Vorschrift des § 23 Abs. 1, so kann der Versicherer das Versicherungsverhältnis ohne Einhaltung einer Kündigungsfrist kündigen. [2]Beruht die Verletzung nicht auf einem Verschulden des Versicherungsnehmers, so braucht dieser die Kündigung erst mit dem Ablauf eines Monats gegen sich gelten zu lassen.

(2) Das Kündigungsrecht erlischt, wenn es nicht innerhalb eines Monats von dem Zeitpunkt an ausgeübt wird, in welchem der Versicherer von der Erhöhung der Gefahr Kenntnis erlangt, oder wenn der Zustand wiederhergestellt ist, der vor der Erhöhung bestanden hat.

§ 25 [Leistungsfreiheit des Versicherers wegen Gefahrerhöhung] (1) Der Versicherer ist im Fall einer Verletzung der Vorschrift des § 23 Abs. 1 von der Verpflichtung zur Leistung frei, wenn der Versicherungsfall nach der Erhöhung der Gefahr eintritt.

(2) [1]Die Verpflichtung des Versicherers bleibt bestehen, wenn die Verletzung nicht auf einem Verschulden des Versicherungsnehmers beruht. [2]Der Versicherer ist jedoch auch in diesem Fall von der Verpflichtung zur Leistung frei, wenn die in § 23 Abs. 2 vorgesehene Anzeige nicht unverzüglich gemacht wird und der Versicherungsfall später als einen Monat nach dem Zeitpunkt, in welchem die Anzeige dem Versicherer hätte

zugehen müssen, eintritt, es sei denn, daß ihm in diesem Zeitpunkt die Erhöhung der Gefahr bekannt war.

(3) Die Verpflichtung des Versicherers zur Leistung bleibt auch dann bestehen, wenn zur Zeit des Eintritts des Versicherungsfalls die Frist für die Kündigung des Versicherers abgelaufen und eine Kündigung nicht erfolgt ist oder wenn die Erhöhung der Gefahr keinen Einfluß auf den Eintritt des Versicherungsfalls und auf den Umfang der Leistung des Versicherers gehabt hat.

§ 26 [Ausnahmen] Die Vorschriften der §§ 23 bis 25 finden keine Anwendung, wenn der Versicherungsnehmer zu der Erhöhung der Gefahr durch das Interesse des Versicherers oder durch ein Ereignis, für welches der Versicherer haftet, oder durch ein Gebot der Menschlichkeit veranlaßt wird.

§ 27 [Ungewollte Gefahrerhöhung] (1) [1]Tritt nach dem Abschluß des Vertrags eine Erhöhung der Gefahr unabhängig von dem Willen des Versicherungsnehmers ein, so ist der Versicherer berechtigt, das Versicherungsverhältnis unter Einhaltung einer Kündigungsfrist von einem Monat zu kündigen. [2]Die Vorschriften des § 24 Abs. 2 finden Anwendung.

(2) Der Versicherungsnehmer hat, sobald er von der Erhöhung der Gefahr Kenntnis erlangt, dem Versicherer unverzüglich Anzeige zu machen.

§ 28 [Leistungsfreiheit wegen unterlassener Anzeige]
(1) Wird die in § 27 Abs. 2 vorgesehene Anzeige nicht unverzüglich gemacht, so ist der Versicherer von der Verpflichtung zur Leistung frei, wenn der Versicherungsfall später als einen Monat nach dem Zeitpunkt eintritt, in welchem die Anzeige dem Versicherer hätte zugehen müssen.

(2) [1]Die Verpflichtung des Versicherers bleibt bestehen, wenn ihm die Erhöhung der Gefahr in dem Zeitpunkt bekannt war, in welchem ihm die Anzeige hätte zugehen müssen. [2]Das gleiche gilt, wenn zur Zeit des Eintritts des Versicherungsfalls die Frist für die Kündigung des Versicherers abgelaufen und eine Kündigung nicht erfolgt ist oder wenn die Erhöhung der Gefahr keinen Einfluß auf den Eintritt des Versicherungsfalls und auf den Umfang der Leistung des Versicherers gehabt hat.

§ 29 [Unerhebliche Gefahrerhöhung] [1]Eine unerhebliche Erhöhung der Gefahr kommt nicht in Betracht. [2]Eine Gefahrerhöhung kommt auch dann nicht in Betracht, wenn nach den Umständen als vereinbart anzusehen ist, daß das Versicherungsverhältnis durch die Gefahrerhöhung nicht berührt werden soll.

§ 29a[1)] [Gefahrerhöhung zwischen Stellung und Annahme des Antrags] Die Vorschriften der §§ 23 bis 29 finden auch Anwendung auf eine in der Zeit zwischen Stellung und Annahme des Versicherungsantrags eingetretene Gefahrerhöhung, die dem Versicherer bei der Annahme des Antrags nicht bekannt war.

§ 30 [Teilrücktritt, Teilkündigung, teilweise Leistungsfreiheit] (1) Liegen die Voraussetzungen, unter denen der Versicherer nach den Vorschriften dieses Titels zum Rücktritt oder zur Kündigung berechtigt ist, in Ansehung eines Teils der Gegenstände oder Personen vor, auf welche sich die Versicherung bezieht, so steht dem Versicherer das Recht des Rücktritts oder der Kündigung für den übrigen Teil nur zu, wenn anzunehmen ist, daß für diesen allein der Versicherer den Vertrag unter den gleichen Bestimmungen nicht geschlossen haben würde.

(2) Macht der Versicherer von dem Recht des Rücktritts oder der Kündigung in Ansehung eines Teiles der Gegenstände oder Personen Gebrauch, so ist der Versicherungsnehmer berechtigt, das Versicherungsverhältnis in Ansehung des übrigen Teiles zu kündigen; die Kündigung kann nicht für einen späteren Zeitpunkt als den Schluß der Versicherungsperiode geschehen, in welcher der Rücktritt des Versicherers oder seine Kündigung wirksam wird.

(3) Liegen in Ansehung eines Teiles der Gegenstände oder Personen, auf welche sich die Versicherung bezieht, die Voraussetzungen vor, unter denen der Versicherer wegen einer Verletzung der Vorschriften über die Gefahrerhöhung von der Verpflichtung zur Leistung frei ist, so findet auf die Befreiung die Vorschrift des Abs. 1 entsprechende Anwendung.

[1)] § 29a eingef. durch VO v. 19. 12. 1939 (RGBl. I S. 2443).

§ 31[1)·2)·3)] **[Kündigung bei Prämienerhöhung]** Erhöht der Versicherer aufgrund einer Anpassungsklausel die Prämie, ohne daß sich der Umfang des Versicherungsschutzes ändert, so kann der Versicherungsnehmer innerhalb eines Monats nach Eingang der Mitteilung des Versicherers mit sofortiger Wirkung, frühestens jedoch zum Zeitpunkt des Wirksamwerdens der Erhöhung, das Versicherungsverhältnis kündigen.

§ 32[4)] **[Verminderung der Gefahr]** Eine Vereinbarung, durch welche der Versicherungsnehmer bestimmte Obliegenheiten zum Zweck der Verminderung der Gefahr oder zum Zweck der Verhütung einer Gefahrerhöhung übernimmt, wird durch die Vorschriften dieses Titels nicht berührt.

§ 33 [Anzeige des Versicherungsfalls] (1) Nach dem Eintritt des Versicherungsfalls hat der Versicherungsnehmer, sobald er von dem Eintritt Kenntnis erlangt, dem Versicherer unverzüglich Anzeige zu machen.

(2) Auf eine Vereinbarung, nach welcher der Versicherer von der Verpflichtung zur Leistung frei sein soll, wenn der Pflicht zur Anzeige des Versicherungsfalls nicht genügt wird, kann sich der Versicherer nicht berufen, sofern er in anderer Weise von dem Eintritt des Versicherungsfalls rechtzeitig Kenntnis erlangt hat.

[1)] § 31 aufgeh. durch VO v. 19. 12. 1939 (RGBl. I S. 2443), neuer § 31 eingef. durch G v. 17. 12. 1990 (BGBl. I S. 2864), neugef. durch G v. 21. 7. 1994 (BGBl. I S. 1630).
[2)] § 31 ist nicht anzuwenden auf Versicherungsverträge, die **vor dem 1. Januar 1991** geschlossen worden sind, s. Art. 4 G v. 17. 12. 1990 (BGBl. I S. 2864).
[3)] § 31 i. d. F. des G v. 21. 7. 1994 ist auf die zur Zeit des Inkrafttretens des Gesetzes *(29. 7. 1994)* bestehenden Versicherungsverhältnisse über Lebens-, Kranken- und Kraftfahrzeug-Haftpflichtversicherungen anzuwenden. Im übrigen findet **§ 31 n. F.** auf bestehende Versicherungsverträge keine Anwendung (Art. 16 § 5 G v. 21. 7. 1994 (Nr. **1a**). § 31 a. F. lautet:
Erhöht der Versicherer aufgrund einer Prämienanpassungsklausel das Entgelt, ohne daß sich der Umfang der Versicherung ändert, so kann der Versicherungsnehmer bis und zum Zeitpunkt des Inkrafttretens der Änderung kündigen, sofern das Entgelt pro Jahr um mehr als 5 vom Hundert des zuletzt gezahlten Beitrages oder um mehr als 25 vom Hundert des Erstbeitrages steigt.
[4)] § 32 Satz 2 aufgeh. durch Ges. v. 7. 11. 1939 (RGBl. I S. 2223); vgl. jetzt § 6 Abs. 2.

§ 34[1)] **[Auskunftspflicht]** (1) Der Versicherer kann nach dem Eintritt des Versicherungsfalls verlangen, daß der Versicherungsnehmer jede Auskunft erteilt, die zur Feststellung des Versicherungsfalls oder des Umfanges der Leistungspflicht des Versicherers erforderlich ist.

(2) Belege kann der Versicherer insoweit fordern, als die Beschaffung dem Versicherungsnehmer billigerweise zugemutet werden kann.

§ 34a[2)] **[Schutz des Versicherungsnehmers]** [1]Auf eine Vereinbarung, durch welche von den Vorschriften der §§ 16 bis 29a, des § 31 und des § 34 Abs. 2 zum Nachteil des Versicherungsnehmers abgewichen wird, kann sich der Versicherer nicht berufen. [2]Jedoch kann für die dem Versicherungsnehmer obliegenden Anzeigen die schriftliche Form bedungen werden.

Dritter Titel. Prämie

§ 35 [Fälligkeit der Prämie] [1]Der Versicherungsnehmer hat die Prämie und, wenn laufende Prämien bedungen sind, die erste Prämie sofort nach dem Abschluß des Vertrags zu zahlen. [2]Er ist zur Zahlung nur gegen Aushändigung des Versicherungsscheins verpflichtet, es sei denn, daß die Ausstellung eines Versicherungsscheins ausgeschlossen ist.

§ 35a[3)] **[Annahmepflicht bei Leistung durch Dritte]**
(1) Fällige Prämien oder sonstige ihm auf Grund des Vertrags gebührende Zahlungen muß der Versicherer vom Versicherten bei der Versicherung für fremde Rechnung, ferner vom Bezugsberechtigten, der ein Recht auf die Leistung des Versicherers erworben hat, sowie vom Pfandgläubiger auch dann annehmen, wenn er nach den Vorschriften des bürgerlichen Rechts die Zahlung zurückweisen könnte.

(2) Ein Pfandrecht an der Versicherungsforderung kann auch wegen der Beträge und ihrer Zinsen geltend gemacht werden,

---

[1)] § 34 Abs. 2 Satz 2 aufgeh. durch VO v. 19. 12. 1939 (RGBl. I S. 2443); vgl. jetzt § 34a S. 1.
[2)] § 34a eingef. durch VO v. 19. 12. 1939 (RGBl. I S. 2443), geänd. durch G v. 17. 12. 1990 (BGBl. I S. 2864).
[3)] § 35a eingef. durch G v. 7. 11. 1939 (RGBl. I S. 2223).

die der Pfandgläubiger zur Entrichtung von Prämien oder sonstigen dem Versicherer auf Grund des Vertrags gebührenden Zahlungen verwendet hat.

§ 35 b[1)] [Aufrechnungsrecht des Versicherers auch gegenüber Dritten] Der Versicherer kann den Betrag einer fälligen Prämienforderung oder einer anderen ihm aus dem Vertrag zustehenden Forderung von der ihm nach diesem Vertrag obliegenden Leistung in Abzug bringen, auch wenn er die Leistung nicht dem Versicherungsnehmer, sondern einem Dritten schuldet.

§ 36 [Leistungsort] (1) Leistungsort für die Entrichtung der Prämie ist der jeweilige Wohnsitz des Versicherungsnehmers; der Versicherungsnehmer hat jedoch auf seine Gefahr und seine Kosten die Prämie dem Versicherer zu übermitteln.

(2) Hat der Versicherungsnehmer die Versicherung in seinem Gewerbebetrieb genommen, so tritt, wenn er seine gewerbliche Niederlassung an einem anderen Ort hat, der Ort der Niederlassung an die Stelle des Wohnsitzes.

§ 37 [Regelmäßige Einziehung] Ist die Prämie regelmäßig bei dem Versicherungsnehmer eingezogen worden, so ist dieser zur Übermittlung der Prämie erst verpflichtet, wenn ihm schriftlich angezeigt wird, daß die Übermittlung verlangt werde.

§ 38[2)] [Verspätete Zahlung der ersten Prämie] (1) [1]Wird die erste oder einmalige Prämie nicht rechtzeitig gezahlt, so ist der Versicherer, solange die Zahlung nicht bewirkt ist, berechtigt, vom Vertrag zurückzutreten. [2]Es gilt als Rücktritt, wenn der Anspruch auf die Prämie nicht innerhalb von drei Monaten vom Fälligkeitstage an gerichtlich geltend gemacht wird.

(2) Ist die Prämie zur Zeit des Eintritts des Versicherungsfalls noch nicht gezahlt, so ist der Versicherer von der Verpflichtung zur Leistung frei.

[1)] § 35 b eingef. durch G v. 7. 11. 1939 (RGBl. I S. 2223).
[2)] § 38 i. d. F. der VO v. 19. 12. 1939 (RGBl. I S. 2443).

§ 39[1] [Fristbestimmung für Folgeprämie] (1) [1]Wird eine Folgeprämie nicht rechtzeitig gezahlt, so kann der Versicherer dem Versicherungsnehmer auf dessen Kosten schriftlich eine Zahlungsfrist von mindestens zwei Wochen bestimmen; zur Unterzeichnung genügt eine Nachbildung der eigenhändigen Unterschrift. [2]Dabei sind die Rechtsfolgen anzugeben, die nach den Absätzen 2, 3 mit dem Ablauf der Frist verbunden sind. [3]Eine Fristbestimmung, die ohne Beachtung dieser Vorschriften erfolgt, ist unwirksam.

(2) Tritt der Versicherungsfall nach dem Ablauf der Frist ein und ist der Versicherungsnehmer zur Zeit des Eintritts mit der Zahlung der Prämie oder der geschuldeten Zinsen oder Kosten im Verzuge, so ist der Versicherer von der Verpflichtung zur Leistung frei.

(3) [1]Der Versicherer kann nach dem Ablauf der Frist, wenn der Versicherungsnehmer mit der Zahlung im Verzuge ist, das Versicherungsverhältnis ohne Einhaltung einer Kündigungsfrist kündigen. [2]Die Kündigung kann bereits bei der Bestimmung der Zahlungsfrist dergestalt erfolgen, daß sie mit Fristablauf wirksam wird, wenn der Versicherungsnehmer in diesem Zeitpunkt mit der Zahlung im Verzuge ist; hierauf ist der Versicherungsnehmer bei der Kündigung ausdrücklich hinzuweisen. [3]Die Wirkungen der Kündigung fallen fort, wenn der Versicherungsnehmer innerhalb eines Monats nach der Kündigung oder, falls die Kündigung mit der Fristbestimmung verbunden worden ist, innerhalb eines Monats nach dem Ablauf der Zahlungsfrist die Zahlung nachholt, sofern nicht der Versicherungsfall bereits eingetreten ist.

(4) Soweit die in den Absätzen 2, 3 bezeichneten Rechtsfolgen davon abhängen, daß Zinsen oder Kosten nicht gezahlt worden sind, treten sie nur ein, wenn die Fristbestimmung die Höhe der Zinsen oder den Betrag der Kosten angibt.

§ 40[2] [Prämie trotz Aufhebung des Versicherungsverhältnisses] (1) Wird das Versicherungsverhältnis wegen Verletzung einer Obliegenheit oder wegen Gefahrerhöhung auf

---

[1] § 39 i. d. F. der VO v. 19. 12. 1939 (RGBl. I S. 2443). Frühere Änderung des ursprünglichen Textes: VO v. 12. 2. 1924 (RGBl. I S. 5).
[2] § 40 i. d. F. der VO v. 19. 12. 1939 (RGBl. I S. 2443), Abs. 2 Satz 3 aufgeh. durch G v. 21. 7. 1994 (BGBl. I S. 1630).

Grund der Vorschriften des zweiten Titels durch Kündigung oder Rücktritt aufgehoben oder wird der Versicherungsvertrag durch den Versicherer angefochten, so gebührt dem Versicherer gleichwohl die Prämie bis zum Schluß der Versicherungsperiode, in der er von der Verletzung der Obliegenheit, der Gefahrerhöhung oder von dem Anfechtungsgrund Kenntnis erlangt hat. Wird die Kündigung erst in der folgenden Versicherungsperiode wirksam, so gebührt ihm die Prämie bis zur Beendigung des Versicherungsverhältnisses.

(2) [1]Wird das Versicherungsverhältnis wegen nicht rechtzeitiger Zahlung der Prämie nach § 39 gekündigt, so gebührt dem Versicherer die Prämie bis zur Beendigung der laufenden Versicherungsperiode. [2]Tritt der Versicherer nach § 38 Abs. 1 zurück, so kann er nur eine angemessene Geschäftsgebühr verlangen.

(3) Endigt das Versicherungsverhältnis nach § 13 oder wird es vom Versicherer auf Grund einer Vereinbarung nach § 14 gekündigt, so kann der Versicherungsnehmer den auf die Zeit nach der Beendigung des Versicherungsverhältnisses entfallenden Teil der Prämie unter Abzug der für diese Zeit aufgewendeten Kosten zurückfordern.

§ 41[1]) **[Anspruch auf höhere Prämie]** (1) [1]Ist die dem Versicherungsnehmer bei der Schließung des Vertrags obliegende Anzeigepflicht verletzt worden, das Rücktrittsrecht des Versicherers aber ausgeschlossen, weil dem anderen Teil ein Verschulden nicht zur Last fällt, so kann der Versicherer, falls mit Rücksicht auf die höhere Gefahr eine höhere Prämie angemessen ist, von dem Beginn der laufenden Versicherungsperiode an die höhere Prämie verlangen. [2]Das gleiche gilt, wenn bei der Schließung des Vertrags ein für die Übernahme der Gefahr erheblicher Umstand dem Versicherer nicht angezeigt worden ist, weil er dem anderen Teil nicht bekannt war.

(2) [1]Wird die höhere Gefahr nach den für den Geschäftsbetrieb des Versicherers maßgebenden Grundsätzen auch gegen eine höhere Prämie nicht übernommen, so kann der Versicherer das Versicherungsverhältnis unter Einhaltung einer Kündigungsfrist von einem Monat kündigen. [2]§ 40 Abs. 1 gilt sinngemäß.

---

[1]) § 41 Abs. 2 Satz 2 eingef. durch VO v. 19. 12. 1939 (RGBl. I S. 2443).

(3) [1]Der Anspruch auf die höhere Prämie erlischt, wenn er nicht innerhalb eines Monats von dem Zeitpunkt an geltend gemacht wird, in welchem der Versicherer von der Verletzung der Anzeigepflicht oder von dem nicht angezeigten Umstand Kenntnis erlangt. [2]Das gleiche gilt von dem Kündigungsrecht, wenn es nicht innerhalb des bezeichneten Zeitraums ausgeübt wird.

§ 41a[1]) [Herabsetzung der Prämie] (1) Ist wegen bestimmter, die Gefahr erhöhender Umstände eine höhere Prämie vereinbart, so kann der Versicherungsnehmer, wenn diese Umstände in der Zeit zwischen Stellung und Annahme des Antrags oder nach Abschluß des Vertrags wegfallen oder ihre Bedeutung verlieren, verlangen, daß die Prämie für die künftigen Versicherungsperioden angemessen herabgesetzt wird.

(2) Das gleiche gilt, wenn die Bemessung der höheren Prämie durch irrtümliche Angaben des Versicherungsnehmers über einen solchen Umstand veranlaßt worden ist.

§ 42[2]) [Schutz des Versicherungsnehmers] Auf eine Vereinbarung, durch welche von den Vorschriften der §§ 37 bis 41a zum Nachteil des Versicherungsnehmers abgewichen wird, kann sich der Versicherer nicht berufen.

Vierter Titel. Versicherungsagenten

§ 43 [Gesetzliche Vollmacht des Agenten] Ein Versicherungsagent gilt, auch wenn er nur mit der Vermittlung von Versicherungsgeschäften betraut ist, als bevollmächtigt, in dem Versicherungszweig, für den er bestellt ist:

1. Anträge auf Schließung, Verlängerung oder Änderung eines Versicherungsvertrags sowie den Widerruf solcher Anträge entgegenzunehmen;
2. die Anzeigen, welche während der Versicherung zu machen sind, sowie Kündigungs- und Rücktrittserklärungen oder sonstige das Versicherungsverhältnis betreffende Erklärungen von dem Versicherungsnehmer entgegenzunehmen;

---

[1]) § 41a eingef. durch VO v. 19. 12. 1939 (RGBl. I S. 2443).
[2]) § 42 i. d. F. der VO v. 19. 12. 1939 (RGBl. I S. 2443).

3. die von dem Versicherer ausgefertigten Versicherungsscheine oder Verlängerungsscheine auszuhändigen;
4.[1] Prämien nebst Zinsen und Kosten anzunehmen, sofern er sich im Besitz einer vom Versicherer unterzeichneten Prämienrechnung befindet; zur Unterzeichnung genügt eine Nachbildung der eigenhändigen Unterschrift.

§ 44 [Kenntnis des Vermittlungsagenten] Soweit nach den Vorschriften dieses Gesetzes die Kenntnis des Versicherers von Erheblichkeit ist, steht die Kenntnis eines nur mit der Vermittlung von Versicherungsgeschäften betrauten Agenten der Kenntnis des Versicherers nicht gleich.

§ 45 [Abschlußagent] Ist ein Versicherungsagent zum Abschluß von Versicherungsverträgen bevollmächtigt, so ist er auch befugt, die Änderung oder Verlängerung solcher Verträge zu vereinbaren sowie Kündigungs- und Rücktrittserklärungen abzugeben.

§ 46 [Bezirksagent] [1]Ist der Versicherungsagent ausdrücklich für einen bestimmten Bezirk bestellt, so beschränkt sich seine Vertretungsmacht auf Geschäfte und Rechtshandlungen, welche sich auf Versicherungsverträge über die in dem Bezirk befindlichen Sachen oder mit den im Bezirk gewöhnlich sich aufhaltenden Personen beziehen. [2]In Ansehung der von ihm vermittelten oder abgeschlossenen Verträge bleibt der Agent ohne Rücksicht auf diese Beschränkung zur Vornahme von Geschäften und Rechtshandlungen ermächtigt.

§ 47 [Beschränkung der Vertretungsmacht] [1]Eine Beschränkung der dem Versicherungsagenten nach den Vorschriften der §§ 43 bis 46 zustehenden Vertretungsmacht braucht ein Dritter nur dann gegen sich gelten zu lassen, wenn er die Beschränkung bei der Vornahme des Geschäfts oder der Rechtshandlung kannte oder infolge grober Fahrlässigkeit nicht kannte. [2]Auf eine abweichende Vereinbarung kann sich der Versicherer nicht berufen.

---

[1] § 43 Nr. 4 i. d. F. der VO v. 19. 12. 1939 (RGBl. I S. 2443).

§ 48 [Nicht ausschließbarer Gerichtsstand der Agentur]
(1) Hat ein Versicherungsagent den Vertrag vermittelt oder abgeschlossen, so ist für Klagen, die aus dem Versicherungsverhältnis gegen den Versicherer erhoben werden, das Gericht des Ortes zuständig, wo der Agent zur Zeit der Vermittlung oder Schließung seine gewerbliche Niederlassung oder in Ermangelung einer gewerblichen Niederlassung seinen Wohnsitz hatte.

(2) Die nach Abs. 1 begründete Zuständigkeit kann durch Vereinbarung nicht ausgeschlossen werden.

Zweiter Abschnitt. Schadensversicherung

Erster Titel. Vorschriften für die gesamte Schadensversicherung

I. Inhalt des Vertrags

§ 49 [Schadensersatz in Geld] Der Versicherer hat den Schadensersatz in Geld zu leisten.

§ 50 [Versicherungssumme] Der Versicherer haftet nur bis zur Höhe der Versicherungssumme.

§ 51[1)] [Überversicherung] (1) Ergibt sich, daß die Versicherungssumme den Wert des versicherten Interesses (Versicherungswert) erheblich übersteigt, so kann sowohl der Versicherer als auch der Versicherungsnehmer verlangen, daß zur Beseitigung der Überversicherung die Versicherungssumme, unter verhältnismäßiger Minderung der Prämie mit sofortiger Wirkung, herabgesetzt wird.[2)]

(2) Ist die Überversicherung durch ein Kriegsereignis oder durch eine behördliche Maßnahme aus Anlaß eines Krieges verursacht oder ist sie die unvermeidliche Folge eines Krieges, so

---

[1)] § 51 i. d. F. der VO v. 6. 4. 1943 (RGBl. I S. 178).
[2)] Nach Art. I VO v. 25. 10. 1944 (RGBl. I S. 278) sind in den Fällen des § 51 Abs. 1 und 2 die dem Versicherungsnehmer zu erstattenden Prämienteile erst am Schluß der Versicherungsperiode zu zahlen. Dies gilt für bestehende Versicherungsverhältnisse auch dann, wenn die Überversicherung vor Inkrafttreten der VO eingetreten ist, doch bewendet es bei einer bereits erfolgten Zahlung zurückzuerstattender Prämienteile (Art. II aaO).

kann der Versicherungsnehmer das Verlangen nach Absatz 1 mit Wirkung vom Eintritt der Überversicherung ab stellen.

(3) Schließt der Versicherungsnehmer den Vertrag in der Absicht, sich aus der Überversicherung einen rechtswidrigen Vermögensvorteil zu verschaffen, so ist der Vertrag nichtig; dem Versicherer gebührt, sofern er nicht bei der Schließung des Vertrags von der Nichtigkeit Kenntnis hatte, die Prämie bis zum Schluß der Versicherungsperiode, in welcher er diese Kenntnis erlangt.

§ 52 [Versicherungswert in der Sachversicherung] Bezieht sich die Versicherung auf eine Sache, so gilt, soweit sich nicht aus den Umständen ein anderes ergibt, der Wert der Sache als Versicherungswert.

§ 53 [Entgehender Gewinn] Die Versicherung umfaßt den durch den Eintritt des Versicherungsfalls entgehenden Gewinn nur, soweit dies besonders vereinbart ist.

§ 54 [Inbegriff von Sachen] Ist die Versicherung für einen Inbegriff von Sachen genommen, so umfaßt sie die jeweils zu dem Inbegriff gehörigen Sachen.

§ 55 [Nur Ersatz des Schadens] Der Versicherer ist, auch wenn die Versicherungssumme höher ist als der Versicherungswert zur Zeit des Eintritts des Versicherungsfalls, nicht verpflichtet, dem Versicherungsnehmer mehr als den Betrag des Schadens zu ersetzen.

§ 56 [Unterversicherung] Ist die Versicherungssumme niedriger als der Versicherungswert zur Zeit des Eintritts des Versicherungsfalls (Unterversicherung), so haftet der Versicherer für den Schaden nur nach dem Verhältnis der Versicherungssumme zu diesem Wert.

§ 57 [Taxe] [1]Der Versicherungswert kann durch Vereinbarung auf einen bestimmten Betrag (Taxe) festgesetzt werden. [2]Die Taxe gilt auch als der Wert, den das versicherte Interesse zur Zeit des Eintritts des Versicherungsfalls hat, es sei denn, daß sie den wirklichen Versicherungswert in diesem Zeitpunkt erheblich übersteigt. [3]Ist die Versicherungssumme niedriger als die Taxe, so haftet der Versicherer, auch wenn die Taxe erheblich übersetzt ist, für den Schaden nur nach dem Verhältnis der Versicherungssumme zur Taxe.

§ 58 [Mehrere Versicherer] (1) Wer für ein Interesse gegen dieselbe Gefahr bei mehreren Versicherern Versicherung nimmt, hat jedem Versicherer von der anderen Versicherung unverzüglich Mitteilung zu machen.

(2) In der Mitteilung ist der Versicherer, bei welchem die andere Versicherung genommen worden ist, zu bezeichnen und die Versicherungssumme anzugeben.

§ 59[1] [Doppelversicherung] (1) Ist ein Interesse gegen dieselbe Gefahr bei mehreren Versicherern versichert und übersteigen die Versicherungssummen zusammen den Versicherungswert oder übersteigt aus anderen Gründen die Summe der Entschädigungen, die von jedem einzelnen Versicherer ohne Bestehen der anderen Versicherung zu zahlen wären, den Gesamtschaden (Doppelversicherung), so sind die Versicherer in der Weise als Gesamtschuldner verpflichtet, daß dem Versicherungsnehmer jeder Versicherer für den Betrag haftet, dessen Zahlung ihm nach seinem Vertrage obliegt, der Versicherungsnehmer aber im ganzen nicht mehr als den Betrag des Schadens verlangen kann.

(2) [1]Die Versicherer sind im Verhältnis zueinander zu Anteilen nach Maßgabe der Beträge verpflichtet, deren Zahlung ihnen dem Versicherungsnehmer gegenüber vertragsmäßig obliegt. [2]Findet auf eine der Versicherungen ausländisches Recht Anwendung, so kann der Versicherer, für den das ausländische Recht gilt, gegen den anderen Versicherer einen Anspruch auf Ausgleichung nur geltend machen, wenn er selbst nach dem für ihn maßgebenden Recht zur Ausgleichung verpflichtet ist.

(3) Hat der Versicherungsnehmer eine Doppelversicherung in der Absicht genommen, sich dadurch einen rechtswidrigen Vermögensvorteil zu verschaffen, so ist jeder in dieser Absicht geschlossene Vertrag nichtig; dem Versicherer gebührt, sofern er nicht bei der Schließung des Vertrags von der Nichtigkeit Kenntnis hatte, die Prämie bis zum Schluß der Versicherungsperiode, in welcher er diese Kenntnis erlangt.

---

[1] § 59 Abs. 1 i. d. F. der VO v. 19. 12. 1939 (RGBl. I S. 2443).

§ 60[1] [**Beseitigung der Doppelversicherung; Minderung der Prämie**] (1) Hat der Versicherungsnehmer den Vertrag, durch welchen die Doppelversicherung entstanden ist, ohne Kenntnis von dem Entstehen der Doppelversicherung geschlossen, so kann er verlangen, daß der später geschlossene Vertrag aufgehoben oder die Versicherungssumme unter verhältnismäßiger Minderung der Prämie auf den Teilbetrag herabgesetzt wird, der durch die frühere Versicherung nicht gedeckt ist.

(2) [1]Das gleiche gilt, wenn die Doppelversicherung dadurch entstanden ist, daß nach Abschluß der mehreren Versicherungen der Versicherungswert gesunken ist. [2]Sind jedoch in diesem Falle die mehreren Versicherungen gleichzeitig oder im Einvernehmen der Versicherer geschlossen worden, so kann der Versicherungsnehmer nur verhältnismäßige Herabsetzung der Versicherungssummen und Prämien verlangen.

(3) [1]Die Aufhebung oder Herabsetzung wird erst mit dem Ablauf der Versicherungsperiode wirksam, in der sie verlangt wird. [2]Das Recht, die Aufhebung oder die Herabsetzung zu verlangen, erlischt, wenn der Versicherungsnehmer es nicht unverzüglich geltend macht, nachdem er von der Doppelversicherung Kenntnis erlangt hat.

§ 61 [**Schuldhafte Herbeiführung des Versicherungsfalls**] Der Versicherer ist von der Verpflichtung zur Leistung frei, wenn der Versicherungsnehmer den Versicherungsfall vorsätzlich oder durch grobe Fahrlässigkeit herbeiführt.

§ 62[2] [**Abwendung und Minderung des Schadens**] (1) [1]Der Versicherungsnehmer ist verpflichtet, bei dem Eintritt des Versicherungsfalls nach Möglichkeit für die Abwendung und Minderung des Schadens zu sorgen und dabei die Weisungen des Versicherers zu befolgen; er hat, wenn die Umstände es gestatten, solche Weisungen einzuholen. [2]Sind mehrere Versicherer beteiligt und sind von ihnen entgegenstehende Weisungen gegeben, so hat der Versicherungsnehmer nach eigenem pflichtmäßigen Ermessen zu handeln.

---

[1] § 60 i. d. F. der VO v. 19. 12. 1939 (RGBl. I S. 2443).
[2] § 62 Abs. 2 angef. durch VO v. 19. 12. 1939 (RGBl. I S. 2443).

(2) [1]Hat der Versicherungsnehmer diese Obliegenheiten verletzt, so ist der Versicherer von der Verpflichtung zur Leistung frei, es sei denn, daß die Verletzung weder auf Vorsatz noch auf grober Fahrlässigkeit beruht. [2]Bei grobfahrlässiger Verletzung bleibt der Versicherer zur Leistung insoweit verpflichtet, als der Umfang des Schadens auch bei gehöriger Erfüllung der Obliegenheiten nicht geringer gewesen wäre.

§ 63 [Aufwendungen für Schadensabwendung oder -minderung] (1) [1]Aufwendungen, die der Versicherungsnehmer gemäß § 62 macht, fallen, auch wenn sie erfolglos bleiben, dem Versicherer zur Last, soweit der Versicherungsnehmer sie den Umständen nach für geboten halten durfte. [2]Der Versicherer hat Aufwendungen, die in Gemäßheit der von ihm gegebenen Weisungen gemacht worden sind, auch insoweit zu ersetzen, als sie zusammen mit der übrigen Entschädigung die Versicherungssumme übersteigen. [3]Er hat den für die Aufwendungen erforderlichen Betrag auf Verlangen des Versicherungsnehmers vorzuschießen.

(2) Bei einer Unterversicherung sind die Aufwendungen nur nach dem in den §§ 56, 57 bezeichneten Verhältnis zu erstatten.

§ 64 [Feststellung durch Sachverständige] (1) [1]Sollen nach dem Vertrag einzelne Voraussetzungen des Anspruchs aus der Versicherung oder die Höhe des Schadens durch Sachverständige festgestellt werden, so ist die getroffene Feststellung nicht verbindlich, wenn sie offenbar von der wirklichen Sachlage erheblich abweicht. [2]Die Feststellung erfolgt in diesem Fall durch Urteil. [3]Das gleiche gilt, wenn die Sachverständigen die Feststellung nicht treffen können oder wollen oder sie verzögern.

(2) [1]Sind nach dem Vertrag die Sachverständigen durch das Gericht zu ernennen, so ist für die Ernennung das Amtsgericht zuständig, in dessen Bezirk der Schaden entstanden ist. [2]Durch eine ausdrückliche Vereinbarung der Beteiligten kann die Zuständigkeit eines anderen Amtsgerichts begründet werden. [3]Eine Anfechtung der Verfügung, durch welche dem Antrag auf Ernennung der Sachverständigen stattgegeben wird, ist ausgeschlossen.

(3) Eine Vereinbarung, durch welche von der Vorschrift des Absatzes 1 Satz 1 abgewichen wird, ist nichtig.

§ 65 [Vertretung des Versicherungsnehmers] Auf eine Vereinbarung, nach welcher sich der Versicherungsnehmer bei den Verhandlungen zur Ermittlung und Feststellung des Schadens nicht durch einen Bevollmächtigten vertreten lassen darf, kann sich der Versicherer nicht berufen.

§ 66 [Ermittlungskosten] (1) Der Versicherer hat die Kosten, welche durch die Ermittlung und Feststellung des ihm zur Last fallenden Schadens entstehen, dem Versicherungsnehmer insoweit zu erstatten, als ihre Aufwendung den Umständen nach geboten war.

(2) Die Kosten, welche dem Versicherungsnehmer durch die Zuziehung eines Sachverständigen oder eines Beistandes entstehen, hat der Versicherer nicht zu erstatten, es sei denn, daß der Versicherungsnehmer nach dem Vertrag zu der Zuziehung verpflichtet war.

(3) Bei einer Unterversicherung sind die dem Versicherer zur Last fallenden Kosten nur nach dem in den §§ 56, 57 bezeichneten Verhältnis zu erstatten.

§ 67 [Gesetzlicher Forderungsübergang] (1) [1]Steht dem Versicherungsnehmer ein Anspruch auf Ersatz des Schadens gegen einen Dritten zu, so geht der Anspruch auf den Versicherer über, soweit dieser dem Versicherungsnehmer den Schaden ersetzt. [2]Der Übergang kann nicht zum Nachteil des Versicherungsnehmers geltend gemacht werden. [3]Gibt der Versicherungsnehmer seinen Anspruch gegen den Dritten oder ein zur Sicherung des Anspruchs dienendes Recht auf, so wird der Versicherer von seiner Ersatzpflicht insoweit frei, als er aus dem Anspruch oder dem Recht hätte Ersatz erlangen können.

(2) Richtet sich der Ersatzanspruch des Versicherungsnehmers gegen einen mit ihm in häuslicher Gemeinschaft lebenden Familienangehörigen, so ist der Übergang ausgeschlossen; der Anspruch geht jedoch über, wenn der Angehörige den Schaden vorsätzlich verursacht hat.

§ 68[1) [Mangel des Interesses] (1) Besteht das versicherte Interesse bei dem Beginn der Versicherung nicht oder gelangt,

---

[1] § 68 i. d. F. der VO v. 6. 4. 1943 (RGBl. I S. 178).

falls die Versicherung für ein künftiges Unternehmen oder sonst für ein künftiges Interesse genommen ist, das Interesse nicht zur Entstehung, so ist der Versicherungsnehmer von der Verpflichtung zur Zahlung der Prämie frei; der Versicherer kann eine angemessene Geschäftsgebühr verlangen.

(2) Fällt das versicherte Interesse nach dem Beginn der Versicherung weg, so gebührt dem Versicherer die Prämie, die er hätte erheben können, wenn die Versicherung nur bis zu dem Zeitpunkt beantragt worden wäre, in welchem der Versicherer von dem Wegfall des Interesses Kenntnis erlangt.[1]

(3) Fällt das versicherte Interesse nach dem Beginn der Versicherung durch ein Kriegsereignis oder durch eine behördliche Maßnahme aus Anlaß eines Krieges weg oder ist der Wegfall des Interesses die unvermeidliche Folge eines Krieges, so gebührt dem Versicherer nur der Teil der Prämie, welcher der Dauer der Gefahrtragung entspricht.[1]

(4) Fällt das versicherte Interesse weg, weil der Versicherungsfall eingetreten ist, so gebührt dem Versicherer die Prämie für die laufende Versicherungsperiode.

§ 68a[2] [Schutz des Versicherungsnehmers] Auf eine Vereinbarung, durch welche von den Vorschriften des § 51 Abs. 1, 2 und der §§ 62, 67, 68 zum Nachteil des Versicherungsnehmers abgewichen wird, kann sich der Versicherer nicht berufen.

II. Veräußerung der versicherten Sache

§ 69 [Eintritt des Erwerbers in das Versicherungsverhältnis] (1) Wird die versicherte Sache von dem Versicherungsnehmer veräußert, so tritt an Stelle des Veräußerers der Erwerber in die während der Dauer seines Eigentums aus dem Versicherungsverhältnis sich ergebenden Rechte und Pflichten des Versicherungsnehmers ein.

---

[1] Nach Art. I VO v. 25. 10. 1944 (RGBl. I S. 278) sind in den Fällen des § 68 Abs. 2 und 3 die Versicherungsnehmer zu erstattenden Prämienteile erst nach Kriegsende zu zahlen. Dies gilt für bestehende Versicherungsverhältnisse auch dann, wenn der Wegfall des versicherten Interesses vor dem Inkrafttreten der VO eingetreten ist, doch bewendet es bei einer bereits erfolgten Zahlung zurückzuerstattender Prämienteile (Art. II aaO).

[2] § 68a eingef. durch VO v. 19. 12. 1939 (RGBl. I S. 2443); Fassung der VO v. 6. 4. 1943 (RGBl. I S. 178).

(2) Für die Prämie, welche auf die zur Zeit des Eintritts laufende Versicherungsperiode entfällt, haften der Veräußerer und der Erwerber als Gesamtschuldner.

(3) Der Versicherer hat in Ansehung der durch das Versicherungsverhältnis gegen ihn begründeten Forderungen die Veräußerung erst dann gegen sich gelten zu lassen, wenn er von ihr Kenntnis erlangt; die Vorschriften der §§ 406 bis 408 des Bürgerlichen Gesetzbuchs[1] finden entsprechende Anwendung.

§ 70[2] [Kündigungsrecht] (1) [1]Der Versicherer ist berechtigt, dem Erwerber das Versicherungsverhältnis unter Einhaltung einer Frist von einem Monat zu kündigen. [2]Das Kündigungsrecht erlischt, wenn der Versicherer es nicht innerhalb eines Monats von dem Zeitpunkt an ausübt, in welchem er von der Veräußerung Kenntnis erlangt.

(2) [1]Der Erwerber ist berechtigt, das Versicherungsverhältnis zu kündigen; die Kündigung kann nur mit sofortiger Wirkung

---

[1] **BGB § 406.** Der Schuldner kann eine ihm gegen den bisherigen Gläubiger zustehende Forderung auch dem neuen Gläubiger gegenüber aufrechnen, es sei denn, daß er bei dem Erwerbe der Forderung von der Abtretung Kenntnis hatte oder daß die Forderung erst nach der Erlangung der Kenntnis und später als die abgetretene Forderung fällig geworden ist.

BGB § 407. (1) Der neue Gläubiger muß eine Leistung, die der Schuldner nach der Abtretung an den bisherigen Gläubiger bewirkt, sowie jedes Rechtsgeschäft, das nach der Abtretung zwischen dem Schuldner und dem bisherigen Gläubiger in Ansehung der Forderung vorgenommen wird, gegen sich gelten lassen, es sei denn, daß der Schuldner die Abtretung bei der Leistung oder der Vornahme des Rechtsgeschäfts kennt.

(2) Ist in einem nach der Abtretung zwischen dem Schuldner und dem bisherigen Gläubiger anhängig gewordenen Rechtsstreit ein rechtskräftiges Urteil über die Forderung ergangen, so muß der neue Gläubiger das Urteil gegen sich gelten lassen, es sei denn, daß der Schuldner die Abtretung bei dem Eintritte der Rechtshängigkeit gekannt hat.

BGB § 408. (1) Wird eine abgetretene Forderung von dem bisherigen Gläubiger nochmals an einen Dritten abgetreten, so finden, wenn der Schuldner an den Dritten leistet oder wenn zwischen dem Schuldner und dem Dritten ein Rechtsgeschäft vorgenommen oder ein Rechtsstreit anhängig wird, zugunsten des Schuldners die Vorschriften des § 407 dem früheren Erwerber gegenüber entsprechende Anwendung.

(2) Das gleiche gilt, wenn die bereits abgetretene Forderung durch gerichtlichen Beschluß einem Dritten überwiesen wird oder wenn der bisherige Gläubiger dem Dritten gegenüber anerkennt, daß die bereits abgetretene Forderung kraft Gesetzes auf den Dritten übergegangen sei.

[2] § 70 Abs. 2 Satz 1 i. d. F. der VO v. 19. 12. 1939 (RGBl. I S. 2443).

oder auf den Schluß der laufenden Versicherungsperiode erfolgen. [2]Das Kündigungsrecht erlischt, wenn es nicht innerhalb eines Monats nach dem Erwerb ausgeübt wird; hatte der Erwerber von der Versicherung keine Kenntnis, so bleibt das Kündigungsrecht bis zum Ablauf eines Monats von dem Zeitpunkt an bestehen, in welchem der Erwerber von der Versicherung Kenntnis erlangt.

(3) Wird das Versicherungsverhältnis auf Grund dieser Vorschriften gekündigt, so hat der Veräußerer dem Versicherer die Prämie zu zahlen, jedoch nicht über die zur Zeit der Beendigung des Versicherungsverhältnisses laufende Versicherungsperiode hinaus; eine Haftung des Erwerbers für die Prämie findet in diesen Fällen nicht statt.

§ 71 [Anzeige der Veräußerung] (1) [1]Die Veräußerung ist dem Versicherer unverzüglich anzuzeigen. [2]Wird die Anzeige weder von dem Erwerber noch von dem Veräußerer unverzüglich gemacht, so ist der Versicherer von der Verpflichtung zur Leistung frei, wenn der Versicherungsfall später als einen Monat nach dem Zeitpunkt eintritt, in welchem die Anzeige dem Versicherer hätte zugehen müssen.

(2) [1]Die Verpflichtung des Versicherers zur Leistung bleibt bestehen, wenn ihm die Veräußerung in dem Zeitpunkt bekannt war, in welchem ihm die Anzeige hätte zugehen müssen. [2]Das gleiche gilt, wenn zur Zeit des Eintritts des Versicherungsfalls die Frist für die Kündigung des Versicherers abgelaufen und eine Kündigung nicht erfolgt ist.

§ 72 [Keine Schlechterstellung des Erwerbers] [1]Auf eine Bestimmung des Versicherungsvertrags, durch welche von den Vorschriften der §§ 69 bis 71 zum Nachteil des Erwerbers abgewichen wird, kann sich der Versicherer nicht berufen. [2]Jedoch kann für die Kündigung, zu der nach § 70 Abs. 2 der Erwerber berechtigt ist, sowie für die Anzeige der Veräußerung die schriftliche Form bedungen werden.

§ 73 [Zwangsversteigerung] Bei einer Zwangsversteigerung der versicherten Sache finden die Vorschriften der §§ 69 bis 72 entsprechende Anwendung.

III. Versicherung für fremde Rechnung

§ 74 [Begriff] (1) Die Versicherung kann von demjenigen, welcher den Vertrag mit dem Versicherer schließt, im eigenen Namen für einen anderen, mit oder ohne Benennung der Person des Versicherten, genommen werden (Versicherung für fremde Rechnung).

(2) Wird die Versicherung für einen anderen genommen, so ist, auch wenn der andere benannt wird, im Zweifel anzunehmen, daß der Vertragschließende nicht als Vertreter, sondern im eigenen Namen für fremde Rechnung handelt.

§ 75 [Rechte des Versicherten] (1) [1]Bei der Versicherung für fremde Rechnung stehen die Rechte aus dem Versicherungsvertrage dem Versicherten zu. [2]Die Aushändigung eines Versicherungsscheins kann jedoch nur der Versicherungsnehmer verlangen.

(2) Der Versicherte kann ohne Zustimmung des Versicherungsnehmers über seine Rechte nur verfügen und diese Rechte nur gerichtlich geltend machen, wenn er im Besitz eines Versicherungsscheins ist.

§ 76 [Verfügung des Versicherungsnehmers] (1) Der Versicherungsnehmer kann über die Rechte, welche dem Versicherten aus dem Versicherungsvertrag zustehen, im eigenen Namen verfügen.

(2) Ist ein Versicherungsschein ausgestellt, so ist der Versicherungsnehmer ohne Zustimmung des Versicherten zur Annahme der Zahlung sowie zur Übertragung der Rechte des Versicherten nur befugt, wenn er im Besitz des Scheines ist.

(3) Der Versicherer ist zur Zahlung an den Versicherungsnehmer nur verpflichtet, wenn dieser ihm gegenüber nachweist, daß der Versicherte seine Zustimmung zu der Versicherung erteilt hat.

§ 77 [Auslieferung des Versicherungsscheins] [1]Der Versicherungsnehmer ist nicht verpflichtet, dem Versicherten oder, falls über das Vermögen des Versicherten der Konkurs eröffnet ist, der Konkursmasse den Versicherungsschein auszuliefern, bevor er wegen der ihm gegen den Versicherten in bezug auf die versicherte Sache zustehenden Ansprüche befriedigt ist. [2]Er kann sich für diese Ansprüche aus der Entschädigungsforderung gegen den Versicherer und nach der Einziehung der Forderung aus der Entschädigungssumme vor dem Versicherten und dessen Gläubigern befriedigen.

§ 78[1] *(aufgehoben)*

§ 79[2] [„Kenntnis" und „Verhalten" bei Versicherung für fremde Rechnung] (1) Soweit nach den Vorschriften dieses Gesetzes die Kenntnis und das Verhalten des Versicherungsnehmers von rechtlicher Bedeutung ist, kommt bei der Versicherung für fremde Rechnung auch die Kenntnis und das Verhalten des Versicherten in Betracht.

(2) Auf die Kenntnis des Versicherten kommt es nicht an, wenn der Vertrag ohne sein Wissen geschlossen worden ist oder eine rechtzeitige Benachrichtigung des Versicherungsnehmers nicht tunlich war.

(3) Hat der Versicherungsnehmer den Vertrag ohne Auftrag des Versicherten geschlossen und bei der Schließung den Mangel des Auftrags dem Versicherer nicht angezeigt, so braucht dieser den Einwand, daß der Vertrag ohne Wissen des Versicherten geschlossen ist, nicht gegen sich gelten zu lassen.

§ 80 [Vermutung der Eigenversicherung; Versicherung für Rechnung „wen es angeht"] (1) Ergibt sich aus den Umständen nicht, daß die Versicherung für einen anderen genommen werden soll, so gilt sie als für eigene Rechnung genommen.

·(2) Ist die Versicherung für Rechnung „wen es angeht" genommen oder ist sonst aus dem Vertrag zu entnehmen, daß unbestimmt gelassen werden soll, ob eigenes oder fremdes Interesse versichert ist, so kommen die Vorschriften der §§ 75 bis 79 zur Anwendung, wenn sich ergibt, daß fremdes Interesse versichert ist.

---

[1] § 78 aufgeh. durch VO v. 19. 12. 1939 (RGBl. I S. 2443); vgl. jetzt § 35 b.
[2] § 79 i. d. F. der VOen v. 19. 12. 1939 (RGBl. I S. 2443) und 28. 12. 1942 (RGBl. I S. 740).

Zweiter Titel. Feuerversicherung

§ 81 [Erlöschen des Antrags] (1) [1]Bei der Feuerversicherung erlischt ein dem Versicherer gemachter Antrag auf Schließung, Verlängerung oder Änderung des Vertrags, wenn er nicht binnen zwei Wochen angenommen wird. [2]Die Vorschriften des § 149 des Bürgerlichen Gesetzbuchs[1] bleiben unberührt.

(2) Wird der Antrag einem Abwesenden gemacht, so beginnt die Frist mit der Absendung des Antrags.

(3) [1]Abweichende Bestimmungen sind nichtig. [2]An die Stelle der Frist von zwei Wochen kann jedoch eine andere festbestimmte Frist gesetzt werden.

§ 82 [Umfang der Haftung] Der Versicherer haftet für den durch Brand, Explosion oder Blitzschlag entstehenden Schaden.

§ 83 [Zu ersetzender Schaden] (1) [1]Im Falle eines Brandes hat der Versicherer den durch die Zerstörung oder die Beschädigung der versicherten Sachen entstehenden Schaden zu ersetzen, soweit die Zerstörung oder die Beschädigung auf der Einwirkung des Feuers beruht oder die unvermeidliche Folge des Brandereignisses ist. [2]Der Versicherer hat auch den Schaden zu ersetzen, der bei dem Brand durch Löschen, Niederreißen oder Ausräumen verursacht wird; das gleiche gilt von einem Schaden, der dadurch entsteht, daß versicherte Sachen bei dem Brand abhanden kommen.

(2) Auf die Haftung des Versicherers für den durch Explosion oder Blitzschlag entstehenden Schaden finden diese Vorschriften entsprechende Anwendung.

§ 84 [Haftungsausschluß] Der Versicherer haftet nicht, wenn der Brand oder die Explosion durch ein Erdbeben oder

---

[1] **BGB § 149.** Ist eine dem Antragenden verspätet zugegangene Annahmeerklärung dergestalt abgesendet worden, daß sie bei regelmäßiger Beförderung ihm rechtzeitig zugegangen sein würde, und mußte der Antragende dies erkennen, so hat er die Verspätung dem Annehmenden unverzüglich nach dem Empfange der Erklärung anzuzeigen, sofern es nicht schon vorher geschehen ist. Verzögert er die Absendung der Anzeige, so gilt die Annahme als nicht verspätet.

durch Maßregeln verursacht wird, die im Kriege oder nach Erklärung des Kriegszustandes von einem militärischen Befehlshaber angeordnet worden sind.

§ 85[1] [Fremdversicherung bei häuslicher Gemeinschaft]

[1] Ist die Versicherung für einen Inbegriff von Sachen genommen, so erstreckt sie sich auf die Sachen der zur Familie des Versicherungsnehmers gehörenden sowie der in einem Dienstverhältnis zu ihm stehenden Personen, sofern diese Personen in häuslicher Gemeinschaft mit dem Versicherungsnehmer leben oder an dem Ort, für den die Versicherung gilt, ihren Beruf ausüben. [2] Die Versicherung gilt insoweit als für fremde Rechnung genommen.

§ 86 [Versicherungswert beweglicher Gegenstände] Als Versicherungswert gilt bei Haushalts- und sonstigen Gebrauchsgegenständen, bei Arbeitsgerätschaften und Maschinen derjenige Betrag, welcher erforderlich ist, um Sachen gleicher Art anzuschaffen, unter billiger Berücksichtigung des aus dem Unterschied zwischen alt und neu sich ergebenden Minderwerts.

§ 87 [Taxe bei beweglichen Sachen] [1] Ist bei der Versicherung beweglicher Sachen eine Taxe vereinbart, so gilt die Taxe als der Wert, den das versicherte Interesse zur Zeit der Schließung des Vertrags hat, es sei denn, daß sie den wirklichen Versicherungswert in diesem Zeitpunkt erheblich übersteigt. [2] Eine Vereinbarung, nach welcher die Taxe als der Wert gelten soll, den das versicherte Interesse zur Zeit des Eintritts des Versicherungsfalls hat, ist nichtig.

§ 88 [Versicherungswert von Gebäuden] Als Versicherungswert gilt bei Gebäuden der ortsübliche Bauwert unter Abzug eines dem Zustand des Gebäudes, insbesondere dem Alter und der Abnutzung entsprechenden Betrags.

§ 89 [Entgehender Gewinn] (1) Bei der Versicherung des durch den Eintritt des Versicherungsfalls entgehenden Gewinns kann eine Taxe nicht vereinbart werden.

---

[1] § 85 Satz 1 i. d. F. der VO v. 19. 12. 1939 (RGBl. I S. 2443).

(2) [1]Bestimmungen über die Berechnung des entgehenden Gewinns können mit Genehmigung der Aufsichtsbehörde in den Versicherungsbedingungen getroffen werden. [2]Übersteigt das Ergebnis der Berechnung den der wirklichen Sachlage entsprechenden Betrag, so hat der Versicherer nur diesen Betrag zu ersetzen.

§ 90 [Mehrere Versicherer] (1) Wer in Ansehung derselben Sache bei dem einen Versicherer für entgehenden Gewinn, bei einem anderen Versicherer für sonstigen Schaden Versicherung nimmt, hat jedem Versicherer von der anderen Versicherung unverzüglich Mitteilung zu machen.

(2) In der Mitteilung ist der Versicherer, bei welchem die andere Versicherung genommen worden ist, zu bezeichnen und die Versicherungssumme anzugeben.

§ 91 [Zahlungsfrist bei Gebäudeversicherung] Bei der Gebäudeversicherung muß die im Falle einer nicht rechtzeitigen Zahlung der Prämie nach § 39 zu bestimmende Zahlungsfrist mindestens einen Monat betragen.

§ 92[1) [Anzeigefrist] (1) [1]Der Pflicht zur Anzeige des Versicherungsfalls wird genügt, wenn die Anzeige binnen drei Tagen nach dem Eintritt des Versicherungsfalls erfolgt. [2]Durch die Absendung der Anzeige wird die Frist gewahrt.

(2) Auf eine Vereinbarung, durch welche die Dauer oder die Berechnung der Frist zum Nachteil des Versicherungsnehmers anders bestimmt ist, kann sich der Versicherer nicht berufen.

§ 93 [Änderungen vor Feststellung des Schadens] Bis zur Feststellung des an einem Gebäude entstehenden Schadens darf der Versicherungsnehmer ohne Einwilligung des Versicherers nur solche Änderungen vornehmen, welche zur Erfüllung der ihm nach § 62 obliegenden Pflicht oder im öffentlichen Interesse geboten sind.

§ 94[2) [Verzinsung der Entschädigung] (1) Die Entschädigung ist nach dem Ablauf eines Monats seit der Anzeige des

---

[1) § 92 Abs. 1 Satz 1 i. d. F. der VO v. 19. 12. 1939 (RGBl. I S. 2443).
[2) § 94 Abs. 2 i. d. F. der VO v. 19. 12. 1939 (RGBl. I S. 2443).

Versicherungsfalls mit vier vom Hundert für das Jahr zu verzinsen, soweit nicht aus besonderen Gründen eine weitergehende Zinspflicht besteht.

(2) Der Lauf der in Absatz 1 bezeichneten Frist ist gehemmt, solange infolge eines Verschuldens des Versicherungsnehmers die Festsetzung des Schadens nicht erfolgen kann.

§ 95 [Gegenseitige Ansprüche nach Versicherungsfall]
[1]Der Versicherer haftet nach dem Eintritt eines Versicherungsfalls für den durch einen späteren Versicherungsfall verursachten Schaden nur bis zur Höhe des Restbetrags der Versicherungssumme. [2]Für die künftigen Versicherungsperioden gebührt ihm nur ein verhältnismäßiger Teil der Prämie.

§ 96 [Kündigung nach Versicherungsfall] (1) Nach dem Eintritt eines Versicherungsfalls ist jeder Teil berechtigt, das Versicherungsverhältnis zu kündigen.

(2) [1]Die Kündigung ist nur bis zum Ablauf eines Monats seit dem Abschluß der Verhandlungen über die Entschädigung zulässig. [2]Der Versicherer hat eine Kündigungsfrist von einem Monat einzuhalten. [3]Der Versicherungsnehmer kann nicht für einen späteren Zeitpunkt als den Schluß der laufenden Versicherungsperiode kündigen.

(3) [1]Kündigt der Versicherungsnehmer, so gebührt dem Versicherer gleichwohl die Prämie für die laufende Versicherungsperiode. [2]Kündigt der Versicherer, so gilt das gleiche in Ansehung desjenigen Teiles der Prämie, welcher auf den dem Schaden entsprechenden Betrag der Versicherungssumme entfällt; von der auf den Restbetrag der Versicherungssumme entfallenden Prämie gebührt dem Versicherer nur der Teil, welcher der abgelaufenen Versicherungszeit entspricht.

§ 97 [Wiederherstellung des Gebäudes] Ist der Versicherer nach den Versicherungsbestimmungen nur verpflichtet, die Entschädigungssumme zur Wiederherstellung des versicherten Gebäudes zu zahlen, so kann der Versicherungsnehmer die Zahlung erst verlangen, wenn die bestimmungsmäßige Verwendung des Geldes gesichert ist.

§ 98 [Abtretungsverbot] [1]Im Falle des § 97 kann die Forderung des Versicherungsnehmers auf die Entschädigungssumme vor der Wiederherstellung des Gebäudes nur an den Erwerber des Grundstücks oder an solche Gläubiger des Versicherungsnehmers übertragen werden, welche Arbeiten oder Lieferungen zur Wiederherstellung des Gebäudes übernommen oder bewirkt haben. [2]Eine Übertragung an Gläubiger des Versicherungsnehmers, die bare Vorschüsse zur Wiederherstellung gegeben haben, ist wirksam, wenn die Verwendung der Vorschüsse zur Wiederherstellung erfolgt.

§ 99[1] Zahlung ohne Sicherung der bestimmungsmäßigen Verwendung] (1) Im Falle des § 97 ist eine Zahlung, welche ohne die Sicherung der bestimmungsmäßigen Verwendung des Geldes geleistet wird, dem Hypothekengläubiger gegenüber nur wirksam, wenn ihm der Versicherer oder der Versicherungsnehmer angezeigt hat, daß ohne Sicherung geleistet werden soll, und seit dem Empfang der Anzeige ein Monat verstrichen ist.

(2) Soweit die Entschädigungssumme nicht zu einer den Versicherungsbestimmungen entsprechenden Wiederherstellung verwendet werden soll, kann der Versicherer mit Wirkung gegen den Hypothekengläubiger erst zahlen, wenn er oder der Versicherungsnehmer die Absicht, von der bestimmungsmäßigen Verwendung abzuweichen, dem Hypothekengläubiger angezeigt hat und seit dem Empfang der Anzeige ein Monat verstrichen ist.

(3) [1]Der Hypothekengläubiger kann bis zum Ablauf der Frist dem Versicherer gegenüber der Zahlung widersprechen. [2]Die Anzeige darf unterbleiben, wenn sie untunlich ist; in diesem Fall wird der Monat von dem Zeitpunkt an berechnet, in welchem die Entschädigungssumme fällig wird.

§ 100[2] [Wirksamkeit der Zahlung gegenüber Hypothekengläubiger] Hat im Falle des § 97 der Hypothekengläubiger seine Hypothek dem Versicherer angemeldet, so ist eine Zahlung, welche ohne die Sicherung der bestimmungsgemäßen Verwendung des Geldes geleistet wird, dem Hypothekengläu-

---

[1] § 99 Abs. 3 i. d. F. der VO v. 19. 12. 1939 (RGBl. I S. 2443).
[2] § 100 i. d. F. der VO v. 28. 12. 1942 (RGBl. I S. 740).

biger gegenüber nur wirksam, wenn dieser schriftlich der Zahlung zugestimmt hat.

§ 101[2] **[Mitteilungen an Hypothekengläubiger]** [1](1) Bei der Gebäudeversicherung hat der Versicherer einem Hypothekengläubiger, der seine Hypothek angemeldet hat, unverzüglich schriftlich Mitteilung zu machen, wenn dem Versicherungsnehmer für die Zahlung einer Folgeprämie eine Frist bestimmt wird. [2]Das gleiche gilt, wenn das Versicherungsverhältnis nach dem Ablauf der Frist wegen unterbliebener Prämienzahlung gekündigt wird.

(2) Der Versicherer hat binnen einer Woche nach Kenntnis von dem Eintritt eines Versicherungsfalls dem Hypothekengläubiger, der seine Hypothek angemeldet hat, schriftlich Mitteilung zu machen, es sei denn, daß der Schaden unbedeutend ist.

§ 102[1] **[Haftung gegenüber Hypothekengläubiger trotz Leistungsfreiheit des Versicherers]** (1) [1]Ist bei der Gebäudeversicherung der Versicherer wegen des Verhaltens des Versicherungsnehmers von der Verpflichtung zur Leistung frei, so bleibt gleichwohl seine Verpflichtung gegenüber einem Hypothekengläubiger bestehen. [2]Das gleiche gilt, wenn der Versicherer nach dem Eintritt des Versicherungsfalls von dem Vertrag zurücktritt oder den Vertrag anficht.

(2) [1]Absatz 1 Satz 1 findet keine Anwendung, wenn der Versicherer leistungsfrei ist, weil die Prämie nicht gezahlt worden ist. [2]Hat jedoch der Hypothekengläubiger seine Hypothek dem Versicherer angemeldet, so bleibt im Falle der nicht rechtzeitigen Zahlung einer Folgeprämie die Verpflichtung des Versicherers gegenüber dem Hypothekengläubiger bis zum Ablauf eines Monats von dem Zeitpunkt an bestehen, in welchem dem Hypothekengläubiger die Bestimmung der Zahlungsfrist oder, wenn diese Mitteilung unterblieben ist, die Kündigung mitgeteilt worden ist.

§ 103[1] **[Fortdauer der Haftung gegenüber Hypothekengläubiger]** (1) [1]Hat im Falle der Gebäudeversicherung ein Hypothekengläubiger seine Hypothek dem Versicherer angemel-

---

[1] § 101, 102 und 103 i. d. F. der VO v. 28. 12. 1942 (RGBl. I S. 740).

det, so wirkt eine Kündigung, ein Rücktritt, ein Fristablauf oder eine sonstige Tatsache, welche die Beendigung des Versicherungsverhältnisses zur Folge hat, gegenüber dem Hypothekengläubiger erst mit dem Ablauf von drei Monaten, nachdem die Beendigung und, sofern diese noch nicht eingetreten war, der Zeitpunkt der Beendigung ihm durch den Versicherer mitgeteilt worden oder in anderer Weise zu seiner Kenntnis gelangt ist. [2]Dies gilt jedoch nicht, wenn das Versicherungsverhältnis wegen unterbliebener Prämienzahlung durch Rücktritt oder Kündigung des Versicherers endigt oder wenn es mit Zustimmung des Hypothekengläubigers durch den Versicherungsnehmer gekündigt wird.

(2) Absatz 1 Satz 1 gilt sinngemäß für die Wirksamkeit einer Vereinbarung zwischen dem Versicherer und dem Versicherungsnehmer, durch welche die Versicherungssumme oder der Umfang der versicherten Gefahr gemindert wird, sowie für die Wirksamkeit einer Vereinbarung, nach welcher der Versicherer nur verpflichtet ist, die Entschädigungssumme zur Wiederherstellung des versicherten Gebäudes zu zahlen.

(3) [1]Die Nichtigkeit des Versicherungsvertrags kann gegenüber einem Hypothekengläubiger, der seine Hypothek angemeldet hat, nicht geltend gemacht werden. [2]Das Versicherungsverhältnis endigt jedoch ihm gegenüber mit dem Ablauf von drei Monaten, nachdem ihm die Nichtigkeit durch den Versicherer mitgeteilt worden oder in anderer Weise zu seiner Kenntnis gelangt ist.

§ 104[1]) **[Übergang der Hypothek]** [1]Soweit der Versicherer auf Grund der Vorschriften der §§ 102, 103 den Hypothekengläubiger befriedigt, geht die Hypothek auf ihn über. [2]Der Übergang kann nicht zum Nachteil eines gleich- oder nachstehenden Hypothekengläubigers geltend gemacht werden, dem gegenüber die Verpflichtung des Versicherers zur Leistung bestehen geblieben ist.

§ 105[1]) **[Abschluß einer Gebäudeversicherung mit dem Hypothekengläubiger]** [1]Im Falle des § 102 Abs. 1 Satz 2, Abs. 2 Satz 2, § 103 ist der Versicherer verpflichtet, bis zur an-

---

[1]) §§ 104, 105 i. d. F. der VO v. 28. 12. 1942 (RGBl. I S. 740).

derweitigen Versicherung der Gebäude mit dem Hypothekengläubiger für dessen Interesse eine Gebäudeversicherung abzuschließen oder die Versicherung fortzusetzen, wenn der Hypothekengläubiger dies bis zum Ablauf der in diesen Vorschriften bezeichneten Fristen schriftlich bei dem Versicherer beantragt und sich zur Zahlung der Prämie verpflichtet. [2]Die Versicherung muß das berechtigte Interesse des Hypothekengläubigers gewährleisten.

§ 106[1) [Kündigung durch den Versicherungsnehmer]

(1) Hat im Falle der Gebäudeversicherung ein Hypothekengläubiger seine Hypothek dem Versicherer angemeldet, so ist die Kündigung der Versicherung durch den Versicherungsnehmer, unbeschadet der Vorschriften des § 70 Abs. 2, § 96, nur wirksam, wenn dieser mindestens einen Monat vor Ablauf des Versicherungsvertrags nachgewiesen hat, daß in dem Zeitpunkt, in dem die Kündigung spätestens zulässig war, das Grundstück nicht mit der Hypothek belastet war oder daß der Hypothekengläubiger der Kündigung der Versicherung zugestimmt hat.

(2) Die Zustimmung darf nicht ohne ausreichenden Grund verweigert werden.

§ 107[1) [Bestätigungs- und Auskunftspflicht des Versicherers] Der Versicherer ist verpflichtet, einem Hypothekengläubiger, der seine Hypothek angemeldet hat, die Anmeldung zu bestätigen und auf Verlangen Auskunft über das Bestehen von Versicherungsschutz sowie über die Höhe der Versicherungssumme zu erteilen.

§ 107a[1) [Wohnungsänderung des Hypothekengläubigers] [1]Hat der Hypothekengläubiger seine Wohnung geändert, die Änderung dem Versicherer aber nicht mitgeteilt, so genügt für eine Mitteilung der in den §§ 101 bis 103 bezeichneten Art die Absendung eines eingeschriebenen Briefes nach der letzten dem Versicherer bekannten Wohnung. [2]Die Mitteilung wird in dem Zeitpunkt wirksam, in welchem sie ohne die Wohnungs-

---

[1) §§ 106, 107 neugef., § 107a eingef. durch VO v. 28. 12. 1942 (RGBl. I S. 740).

änderung bei regelmäßiger Beförderung dem Hypothekengläubiger zugegangen sein würde.

§ 107b[1] [Reallast, Grundschuld oder Rentenschuld] Ist das Grundstück mit einer Reallast, Grundschuld oder Rentenschuld belastet, so finden die Vorschriften der §§ 99 bis 107a entsprechende Anwendung.[2]

§ 107c[1] [Eigentümergrundpfandrechte] Die durch die Vorschriften der §§ 101 bis 107b begründeten Rechte können nicht zugunsten solcher Hypotheken, Grundschulden oder Rentenschulden geltend gemacht werden, die dem Versicherungsnehmer zustehen.

Dritter Titel. Hagelversicherung

§ 108 [Umfang der Haftung] Bei der Hagelversicherung haftet der Versicherer für den Schaden, der an den versicherten Bodenerzeugnissen durch die Einwirkung des Hagelschlags entsteht.

§ 109[3] *(gestrichen)*

§ 110[4] [Anzeigefrist] [1]Der Pflicht zur Anzeige des Versicherungsfalls wird genügt, wenn die Anzeige binnen vier Tagen nach dem Eintritt des Versicherungsfalls erfolgt. [2]Durch die Absendung der Anzeige wird die Frist gewahrt.

§ 111 [Änderungen vor Feststellung des Schadens] Bis zur Feststellung des Schadens darf der Versicherungsnehmer an den von dem Hagelschlag betroffenen Bodenerzeugnissen ohne Einwilligung des Versicherers nur solche Änderungen vorneh-

---

[1] §§ 107b und 107c eingef. durch VO v. 28. 12. 1942 (RGBl. I S. 740).
[2] Nach § 7 Abs. 1 DVO zur VO über die Aufhebung der Gebäudeentschuldungsteuer v. 31. 7. 1942 (RGBl. I S. 503) i. d. F. der VO v. 28. 12. 1942 (RGBl. I S. 740), Art. III Nr. 4, finden die §§ 99 bis 107a auch auf die Abgeltungslast (§ 2 Abs. 2 der VO über die Aufhebung der Gebäudeentschuldungsteuer v. 31. 7. 1942, RGBl. I S. 501) Anwendung.
[3] § 109 aufgeh. durch VO v. 19. 12. 1939 (RGBl. I S. 2443).
[4] § 110 Abs. 2 aufgeh. durch VO v. 19. 12. 1939 (RGBl. I S. 2443); vgl. jetzt § 115a Abs. 1.

men, welche nach den Regeln einer ordnungsmäßigen Wirtschaft nicht aufgeschoben werden können.

§ 112 [Neuer Versicherungsfall] Tritt nach dem Eintritt eines Versicherungsfalls in derselben Versicherungsperiode ein neuer Versicherungsfall ein, so haftet der Versicherer für den dadurch verursachten Schaden nur bis zur Höhe des Restbetrags der Versicherungssumme.

§ 113 [Kündigung nach Versicherungsfall] [1]Nach dem Eintritt eines Versicherungsfalls ist jeder Teil berechtigt, das Versicherungsverhältnis zu kündigen, der Versicherer nur für den Schluß der Versicherungsperiode, in welcher der Versicherungsfall eingetreten ist, der Versicherungsnehmer spätestens für diesen Zeitpunkt. [2]Kündigt der Versicherungsnehmer für einen früheren Zeitpunkt, so gebührt dem Versicherer gleichwohl die Prämie für die laufende Versicherungsperiode.

§ 114[1) [Veräußerung der Bodenerzeugnisse] (1) Im Falle der Veräußerung oder der Zwangsversteigerung der versicherten Bodenerzeugnisse kann der Versicherer dem Erwerber das Versicherungsverhältnis nur für den Schluß der Versicherungsperiode kündigen, in welcher er von dem Eigentumsübergang Kenntnis erlangt; die in § 70 Abs. 1 vorgesehenen Beschränkungen des Kündigungsrechts finden keine Anwendung.

(2) [1]Wird der Eigentumsübergang dem Versicherer nicht rechtzeitig angezeigt, so ist der Versicherer, wenn der Versicherungsfall nach dem Schluß der Versicherungsperiode eintritt, in welcher ihm die Anzeige hätte zugehen müssen, von der Verpflichtung zur Leistung frei. [2]Die Verpflichtung bleibt jedoch bestehen, wenn der Versicherer von dem Eigentumswechsel so früh Kenntnis erlangt hat, daß er zum Schluß der Versicherungsperiode kündigen konnte.

§ 115 [Erwerb des Nutzungsrechts] Erwirbt jemand auf Grund eines Nießbrauchs, eines Pachtvertrags oder eines ähnlichen Verhältnisses die Berechtigung, die versicherten Bodenerzeugnisse zu beziehen, so finden die im Falle einer Veräußerung

---

[1) § 114 Abs. 3 aufgeh. durch VO v. 19. 12. 1939 (RGBl. I S. 2443); vgl. jetzt § 115a Abs. 1.

oder Zwangsversteigerung der Bodenerzeugnisse geltenden Vorschriften entsprechende Anwendung.

§ 115a[1] [Schutz des Versicherungsnehmers und des Erwerbers] (1) Auf eine Vereinbarung, durch welche von den Vorschriften des § 110 zum Nachteil des Versicherungsnehmers, der §§ 114, 115 zum Nachteil des Erwerbers oder der in § 115 genannten Personen abgewichen wird, kann sich der Versicherer nicht berufen.

(2) Die Frist zur Erhebung des Widerspruchs nach § 5 Abs. 1 kann herabgesetzt werden; sie darf jedoch nicht weniger als eine Woche betragen.

Vierter Titel. Tierversicherung[2]

§ 116[3] [Umfang der Haftung] (1) [1] Bei der Tierversicherung haftet der Versicherer für den Schaden, der durch den Tod (Verenden, Nottötung) des versicherten Tieres entsteht. [2] Wird der Tod durch eine Krankheit oder einen Unfall herbeigeführt, so gilt als Betrag des Schadens der Wert, den das Tier unmittelbar vor Eintritt der Erkrankung oder des Unfalls gehabt hat.

(2) Die Versicherung kann auch für den Schaden genommen werden, der durch eine Krankheit oder einen Unfall entsteht, ohne daß der Tod des Tieres eintritt.

§ 117 [Ausschluß der Haftung] Die Versicherung umfaßt nicht
1. den infolge einer Seuche oder Krankheit entstehenden Schaden, soweit dem Versicherungsnehmer nach gesetzlicher Vorschrift ein Anspruch auf eine Entschädigung aus öffentlichen Mitteln zusteht oder zustehen würde, wenn der Anspruch nicht durch eine Zuwiderhandlung gegen seuchenpolizeiliche Vorschriften verwirkt worden wäre;
2. den Schaden, welcher durch Maßregeln verursacht wird, die im Kriege oder nach der Erklärung des Kriegszustandes von einem militärischen Befehlshaber angeordnet worden sind.

---

[1] § 115a eingef. durch VO v. 19. 12. 1939 (RGBl. I S. 2443).
[2] Vor der VO v. 19. 12. 1939 (RGBl. I S. 2443): Viehversicherung.
[3] § 116 Abs. 1 Satz 1 i. d. F. der VO v. 19. 12. 1939 (RGBl. I S. 2443).

§ 118[1) [Gesetzlicher Forderungsübergang] [1]Steht dem Versicherungsnehmer ein Anspruch auf Gewährleistung wegen eines Mangels des versicherten Tieres gegen einen Dritten zu, so geht der Anspruch auf den Versicherer über, soweit dieser dem Versicherungsnehmer den Schaden ersetzt. [2]Der Übergang kann nicht zum Nachteil des Versicherungsnehmers geltend gemacht werden. [3]Geht ein Anspruch auf Gewährleistung durch Verschulden des Versicherungsnehmers verloren oder gibt dieser den Anspruch auf, so wird der Versicherer von seiner Ersatzpflicht insoweit frei, als er aus dem Anspruch Ersatz hätte erlangen können.

§ 119 [Gegenseitige Ansprüche nach Versicherungsfall] [1]Der Versicherer haftet nach dem Eintritt eines Versicherungsfalls für den durch einen späteren Versicherungsfall verursachten Schaden nur bis zur Höhe des Restbetrags der Versicherungssumme. [2]Für die künftigen Versicherungsperioden gebührt ihm nur ein verhältnismäßiger Teil der Prämie.

§ 120 [Besichtigungs- und Untersuchungsrecht des Versicherers] Der Versicherer ist befugt, jederzeit auf seine Kosten eine Besichtigung und Untersuchung der versicherten Tiere vorzunehmen.

§ 121 [Anzeige erheblicher Erkrankungen] [1]Außer dem Tode ist auch jede erhebliche Erkrankung sowie jeder erhebliche Unfall eines versicherten Tieres dem Versicherer unverzüglich anzuzeigen. [2]Auf die Anzeige der Erkrankung oder des Unfalls finden, auch wenn die Versicherung nur gegen den Schaden genommen ist, der durch den Tod des Tieres entsteht, die für die Anzeige des Versicherungsfalls geltenden Vorschriften entsprechende Anwendung.

§ 122 [Hinzuziehung eines Tierarztes] Erkrankt das versicherte Tier oder erleidet es einen Unfall, so hat der Versicherungsnehmer, sofern nicht die Erkrankung oder der Unfall unerheblich ist, unverzüglich einen Tierarzt oder, wenn dies untunlich ist, einen Sachkundigen zuzuziehen.

[1)] § 118 Satz 3 i. d. F. der VO v. 19. 12. 1939 (RGBl. I S. 2443).

71

§ 123 [Nicht erstattungspflichtige Aufwendungen] (1) Die Kosten der Fütterung und der Pflege sowie die Kosten der tierärztlichen Untersuchung und Behandlung gehören nicht zu den nach § 63 von dem Versicherer zu erstattenden Aufwendungen.

(2) Die Kosten der ersten tierärztlichen Untersuchung bei Erkrankung eines versicherten Tieres haben der Versicherungsnehmer und der Versicherer zu gleichen Teilen zu tragen.

§ 124[1) [Verzinsung der Entschädigung] Die Verzinsung der Entschädigungsforderung des Versicherungsnehmers bestimmt sich nach § 94.

§ 125 [Leistungsfreiheit des Versicherers] [1]Hat der Versicherungsnehmer vorsätzlich oder aus grober Fahrlässigkeit das Tier schwer mißhandelt oder schwer vernachlässigt, so ist der Versicherer von der Verpflichtung zur Leistung frei, es sei denn, daß der Schaden nicht durch die Mißhandlung oder die Vernachlässigung entstanden ist. [2]Als schwere Vernachlässigung gilt es insbesondere, wenn bei einer Erkrankung oder einem Unfall die Zuziehung eines Tierarztes oder eines Sachkundigen der Vorschrift des § 122 zuwider unterlassen worden ist.

§ 126 [Nottötung] (1) [1]Der Versicherungsnehmer darf eine Nottötung nur mit Einwilligung des Versicherers vornehmen, es sei denn, daß die Erklärung des Versicherers nicht abgewartet werden kann. [2]Ist durch das Gutachten des Tierarztes oder, falls die Zuziehung eines Tierarztes untunlich ist, zweier Sachkundigen vor der Tötung festgestellt, daß die Tötung notwendig ist und die Erklärung des Versicherers nicht abgewartet werden kann, so muß der Versicherer die Feststellung gegen sich gelten lassen.

(2) Ist der Vorschrift des Absatzes 1 Satz 1 zuwider eine Nottötung erfolgt, so ist der Versicherer von der Verpflichtung zur Leistung frei.

§ 127 [Verlängerung der Haftung] Endigt das Versicherungsverhältnis, nachdem das versicherte Tier erkrankt ist oder

---

[1) § 124 i. d. F. der VO v. 19. 12. 1939 (RGBl. I S. 2443).

einen Unfall erlitten hat, so hat die Beendigung auf die Haftung des Versicherers keinen Einfluß, wenn die Erkrankung oder der Unfall den Tod binnen zwei Wochen nach der Beendigung herbeiführt.

§ 128 [Veräußerung des Tieres] (1) [1] Wird ein versichertes Tier veräußert, so endigt in Ansehung dieses Tieres das Versicherungsverhältnis; dem Versicherer gebührt gleichwohl die Prämie, jedoch nicht über die laufende Versicherungsperiode hinaus. [2] Tritt vor dem Schluß der laufenden Versicherungsperiode oder binnen zwei Wochen nach der Veräußerung infolge eines Hauptmangels der Tod des Tieres ein, so bleibt der Versicherer dem Versicherungsnehmer insoweit haftbar, als dieser dem Erwerber kraft Gesetzes zur Gewährleistung verpflichtet ist.

(2) Geht das Eigentum an dem Inventar eines Grundstücks mit dem Eigentum oder dem Besitz des Grundstücks auf einen anderen über, so behält es in Ansehung der zum Inventar gehörenden Tiere bei den Vorschriften der §§ 69 bis 73 sein Bewenden.

Fünfter Titel. Transportversicherung

§ 129 [Umfang der Haftung] (1) Bei der Versicherung von Gütern gegen die Gefahren der Beförderung zu Lande oder auf Binnengewässern trägt der Versicherer alle Gefahren, denen die Güter während der Dauer der Versicherung ausgesetzt sind.

(2) [1] Bei der Versicherung eines Schiffes gegen die Gefahren der Binnenschiffahrt trägt der Versicherer alle Gefahren, denen das Schiff während der Dauer der Versicherung ausgesetzt ist. [2] Der Versicherer haftet auch für den Schaden, den der Versicherungsnehmer infolge eines Zusammenstoßes von Schiffen dadurch erleidet, daß er den einem Dritten zugefügten Schaden zu ersetzen hat.

§ 130 [Schuldhafte Herbeiführung des Versicherungsfalls] [1] Der Versicherer haftet nicht für einen Schaden, der von dem Versicherungsnehmer vorsätzlich oder fahrlässig verursacht wird. [2] Er hat jedoch den von dem Versicherungsnehmer durch eine fehlerhafte Führung des Schiffes verursachten Schaden zu ersetzen, es sei denn, daß dem Versicherungsnehmer eine bösliche Handlungsweise zur Last fällt.

§ 131 [Haftungsausschlüsse] (1) Bei der Versicherung von Gütern haftet der Versicherer nicht für einen Schaden, der von dem Absender oder dem Empfänger in dieser Eigenschaft vorsätzlich oder fahrlässig verursacht wird.

(2) Das gleiche gilt von einem Schaden, der durch die natürliche Beschaffenheit der Güter, namentlich durch inneren Verderb, Schwinden, gewöhnliche Leckage, sowie durch mangelhafte Verpackung der Güter oder durch Ratten oder Mäuse verursacht wird; ist jedoch die Reise durch einen Unfall, für den der Versicherer haftet, ungewöhnlich verzögert worden, so fällt der Schaden dem Versicherer insoweit zur Last, als er infolge der Verzögerung eingetreten ist.

§ 132 [Haftungsausschlüsse bei Schiffen] (1) Bei der Versicherung eines Schiffes haftet der Versicherer nicht für einen Schaden, der daraus entsteht, daß das Schiff in einem nicht fahrtüchtigen Zustand oder nicht gehörig ausgerüstet oder bemannt die Reise antritt.

(2) Das gleiche gilt von einem Schaden, der nur eine Folge der Abnutzung des Schiffes im gewöhnlichen Gebrauch ist oder nur durch Alter, Fäulnis oder Wurmfraß verursacht wird.

§ 133 [Große Haverei] (1) [1]Die Versicherung gegen die Gefahren der Binnenschiffahrt umfaßt die Beiträge zur großen Haverei. [2]Sind ausschließlich Güter des Schiffseigners verladen, so umfaßt die Versicherung auch die Aufopferungen, welche zur großen Haverei gehören würden, wenn das Eigentum an den Gütern einem anderen zuständе.

(2) [1]Die Vorschriften der §§ 835 bis 839[1]) des Handelsgesetzbuchs finden entsprechende Anwendung. [2]Eine vom Schiffer

---

[1]) **HGB § 835.** (1) In Ansehung der Beiträge zur großen Haverei und der nach den Grundsätzen der großen Haverei zu beurteilenden Beiträge bestimmen sich die Verpflichtungen des Versicherers nach der am gehörigen Orte im Inland oder im Ausland, im Einklange mit dem am Orte der Aufmachung geltenden Rechte aufgemachten Dispache. Insbesondere ist der Versicherte, der einen zur großen Haverei gehörenden Schaden erlitten hat, nicht berechtigt, von dem Versicherer mehr als den Betrag zu fordern, zu welchem der

aufgestellte Dispache ist für den Versicherer nur verbindlich, wenn er der Aufstellung durch den Schiffer zugestimmt hat.

§ 134 [Dauer der Güterversicherung] (1) Die Versicherung von Gütern erstreckt sich auf die ganze Dauer der versicherten Reise.

(2) [1]Die Versicherung beginnt mit dem Zeitpunkt, in welchem die Güter von dem Frachtführer zur Beförderung oder, wenn die Beförderung nicht sofort erfolgen kann, zur einstweiligen Verwahrung angenommen werden. [2]Sie endigt mit dem Zeitpunkt, in welchem die Güter dem Empfänger am Abliefe-

---

Schaden in der Dispache berechnet ist; andererseits haftet der Versicherer für diesen ganzen Betrag, ohne daß namentlich der Versicherungswert maßgebend ist.

(2) Auch kann der Versicherte, wenn der Schaden nach dem am Orte der Aufmachung geltenden Rechte als große Haverei anzusehen ist, den Ersatz des Schadens von dem Versicherer nicht aus dem Grunde fordern, weil der Schaden nach einem anderen Rechte, insbesondere nach dem Rechte des Versicherungsorts, große Haverei sei.

HGB § 836. Der Versicherer haftet jedoch für die im § 835 erwähnten Beiträge nicht, soweit sie sich auf einen Unfall gründen, für den der Versicherer nach dem Versicherungsvertrage nicht haftet.

HGB § 837. (1) Ist die Dispache von einer durch Gesetz oder Gebrauch dazu berufenen Person aufgemacht worden, so kann der Versicherer sie wegen Nichtübereinstimmung mit dem am Orte der Aufmachung geltenden Rechte und der dadurch bewirkten Benachteiligung des Versicherten nicht anfechten, es sei denn, daß der Versicherte durch mangelhafte Wahrnehmung seiner Rechte die Benachteiligung verschuldet hat.

(2) Dem Versicherten liegt jedoch ob, die Ansprüche gegen die zu seinem Nachteile Begünstigten dem Versicherer abzutreten.

(3) Dagegen ist der Versicherer befugt, in allen Fällen die Dispache dem Versicherten gegenüber insoweit anzufechten, als ein von dem Versicherten selbst erlittener Schaden, für den ihm nach dem am Orte der Aufmachung der Dispache geltenden Rechte eine Vergütung nicht gebührt hätte, gleichwohl als große Haverei behandelt worden ist.

HGB § 838. Wegen eines von dem Versicherten erlittenen, zur großen Haverei gehörenden oder nach den Grundsätzen der letzteren zu beurteilenden Schadens haftet der Versicherer, wenn die Einleitung des die Feststellung und Verteilung des Schadens bezweckenden ordnungsmäßigen Verfahrens stattgefunden hat, in Ansehung der Beiträge, welche dem Versicherten zu entrichten sind, nur insoweit, als der Versicherte die ihm gebührende Vergütung auch im Rechtswege, sofern er diesen füglich betreten konnte, nicht erhalten hat.

HGB § 839. Ist die Einleitung des Verfahrens ohne Verschulden des Versicherten unterblieben, so kann er den Versicherer wegen des ganzen Schadens nach Maßgabe des Versicherungsvertrags unmittelbar in Anspruch nehmen.

rungsort abgeliefert oder, wenn sich ein Ablieferungshindernis ergibt, rechtmäßig hinterlegt oder verkauft werden.

§ 135 [Umfang der Eisenbahngefahr] Unter die Versicherung gegen die Gefahren der Beförderung von Gütern auf Eisenbahnen fällt auch die Beförderung zur Eisenbahn sowie die Beförderung von der Eisenbahn an den Empfänger, wenn sie durch die Eisenbahnverwaltung oder unter ihrer Verantwortlichkeit erfolgt.

§ 136 [Gefahrtragung bei Binnengewässerbeförderung] Sind Güter gegen die Gefahren der Beförderung auf Binnengewässern versichert, so trägt der Versicherer die Gefahr der Benutzung von Leichterfahrzeugen bei der Verladung oder der Ausladung, wenn die Benutzung ortsüblich ist.

§ 137 [Vertragswidrige Beförderung] (1) Werden die versicherten Güter in anderer Art als mit dem Schiff befördert, mit welchem sie nach dem Versicherungsvertrag befördert werden sollen, so haftet der Versicherer nicht.

(2) [1] Werden jedoch die Güter nach dem Beginn der Versicherung infolge eines Unfalls, für den der Versicherer haftet, mit einem anderen als dem im Versicherungsvertrag bestimmten Schiff oder zu Lande befördert, so fällt die Beförderung unter die Versicherung. [2] Das gleiche gilt, wenn nach dem Beginn der Versicherung ohne Zustimmung des Versicherungsnehmers die Beförderung geändert oder die Reise des Schiffes aufgegeben wird.

(3) Die Versicherung umfaßt in den Fällen des Absatzes 2 die Kosten der Umladung und der einstweiligen Lagerung sowie die Mehrkosten der Weiterbeförderung.

§ 138 [Dauer der Schiffsversicherung] (1) [1] Die Versicherung eines Schiffes beginnt, wenn sie für eine Reise genommen ist, mit dem Zeitpunkt, in welchem mit der Einnahme der Ladung angefangen wird oder, wenn keine Ladung einzunehmen ist, mit der Abfahrt. [2] Sie endigt mit dem Zeitpunkt, in welchem die Löschung der Ladung am Bestimmungsort beendigt ist oder, wenn keine Ladung zu löschen ist, mit der Ankunft am Bestimmungsort. [3] Wird die Löschung von dem Versicherungsnehmer ungebührlich verzögert, so endigt die Versicherung mit dem Zeitpunkt, in welchem die Löschung beendigt sein würde, falls die Verzögerung nicht stattgefunden hätte.

(2) Wird vor der Beendigung der Löschung für eine neue Reise Ladung eingenommen, so endigt die Versicherung mit dem Zeitpunkt, in welchem mit der Einnahme angefangen wird.

(3) Wird nach dem Beginn der Versicherung die versicherte Reise aufgegeben, so tritt in Ansehung der Beendigung der Versicherung der Ort, wo die Reise aufhört, an die Stelle des Bestimmungsorts.

§ 139 [Verlängerung der Schiffsversicherung] [1]Ist ein auf Zeit versichertes Schiff beim Ablauf der vereinbarten Versicherungszeit unterwegs, so gilt das Versicherungsverhältnis als verlängert bis zur Ankunft des Schiffes am nächsten Bestimmungsort und, falls an diesem gelöscht wird, bis zu dem nach § 138 für die Beendigung der Versicherung maßgebenden Zeitpunkt. [2]Der Versicherungsnehmer kann die Verlängerung, solange das Schiff noch nicht unterwegs ist, durch eine gegenüber dem Versicherer abzugebende Erklärung ausschließen.

§ 140[1]) [Versicherungswert von Gütern] (1) Als Versicherungswert der Güter gilt der gemeine Handelswert und in dessen Ermangelung der gemeine Wert, den die Güter am Ort der Absendung in dem Zeitpunkt haben, welcher nach den §§ 134 bis 136 für den Beginn der Versicherung maßgebend ist, unter Hinzurechnung der Versicherungskosten sowie derjenigen Kosten, welche bis zur Annahme der Güter durch den Frachtführer entstehen.

(2) Der sich nach Absatz 1 ergebende Wert der Güter gilt auch bei dem Eintritt des Versicherungsfalls als Versicherungswert.

(3) [1]Haben die Güter eine Beschädigung erlitten, so ist der Wert, den sie in beschädigtem Zustand am Ablieferungsort haben, von dem Wert in Abzug zu bringen, den sie an diesem Ort in unbeschädigtem Zustand haben würden. [2]Der dem Verhält-

---

[1]) § 140 Abs. 3 i. d. F. der VO v. 19. 12. 1939 (RGBl. I S. 2443).

nis der Wertminderung zu ihrem Wert in unbeschädigtem Zustand entsprechende Bruchteil des Versicherungswertes (Absatz 1) gilt als Betrag des Schadens.

§ 141 [Versicherungswert von Schiffen] (1) [1]Als Versicherungswert des Schiffes gilt der Wert, den das Schiff bei dem Beginn der Versicherung hat. [2]Dieser Wert gilt auch bei dem Eintritt des Versicherungsfalls als Versicherungswert.

(2) Bei einer Beschädigung des Schiffes gelten, falls das Schiff ausbesserungsfähig ist, die nach den §§ 709, 710 des Handelsgesetzbuchs zu berechnenden Ausbesserungskosten als Betrag des Schadens.

§ 142 [Gefahrerhöhung und Veräußerung bei Güterversicherung] [1]Bei der Versicherung von Gütern ist der Versicherer nicht berechtigt, das Versicherungsverhältnis wegen einer unabhängig von dem Willen des Versicherungsnehmers eingetretenen Erhöhung der Gefahr oder wegen einer Veräußerung der versicherten Güter zu kündigen. [2]Der Versicherungsnehmer ist nicht verpflichtet, eine solche Gefahrerhöhung oder eine Veräußerung dem Versicherer anzuzeigen.

§ 143 [Gefahrerhöhung und Veräußerung bei Schiffsversicherung] (1) [1]Wird bei der Versicherung eines Schiffes das Versicherungsverhältnis, während das Schiff unterwegs ist, von dem Versicherer wegen einer unabhängig von dem Willen des Versicherungsnehmers eingetretenen Erhöhung der Gefahr oder wegen Veräußerung des Schiffes gekündigt, so wirkt die Kündigung nur vor der Beendigung der Reise. [2]Tritt während des bezeichneten Zeitraums ein Versicherungsfall ein, so wird die Verpflichtung des Versicherers zur Leistung nicht dadurch berührt, daß die Anzeige der Gefahrerhöhung oder der Veräußerung unterblieben ist.

(2) Ist die Verpflichtung zur Anzeige schon vor dem Beginn der Reise verletzt, so finden die Vorschriften des Absatzes 1 nur Anwendung, wenn die Gefahrerhöhung oder die Veräußerung dem Versicherer vor dem Beginn der Reise bekannt geworden ist.

(3) Bei einer Zwangsversteigerung des versicherten Schiffes finden die Vorschriften über die Veräußerung entsprechende Anwendung.

§ 144 [Kosten der Schadensabwendung oder -minderung] (1) Aufwendungen, die der Versicherungsnehmer gemäß § 62 zur Abwendung oder Minderung des Schadens macht, fallen, soweit der Versicherungsnehmer sie für geboten halten durfte, dem Versicherer ohne Rücksicht darauf zur Last, ob sie zusammen mit der übrigen Entschädigung die Versicherungssumme übersteigen.

(2) Sind Aufwendungen zur Abwendung oder Minderung oder zur Ermittlung und Feststellung eines Schadens oder zur Wiederherstellung oder Ausbesserung der durch einen Versicherungsfall beschädigten Sache gemacht oder Beiträge zur großen Haverei geleistet oder ist eine persönliche Verpflichtung des Versicherungsnehmers zur Entrichtung solcher Beiträge entstanden, so haftet der Versicherer für den Schaden, der durch einen späteren Versicherungsfall verursacht wird, ohne Rücksicht auf die ihm zur Last fallenden früheren Aufwendungen und Beiträge.

§ 145 [Zahlung der Versicherungssumme] [1]Der Versicherer ist nach dem Eintritt eines Versicherungsfalls berechtigt, sich durch Zahlung der Versicherungssumme von allen weiteren Verbindlichkeiten zu befreien. [2]Der Versicherer bleibt jedoch zum Ersatz der Kosten verpflichtet, welche zur Abwendung oder Minderung des Schadens oder zur Wiederherstellung oder Ausbesserung der versicherten Sache verwendet worden sind, bevor seine Erklärung, daß er sich durch Zahlung der Versicherungssumme befreien wolle, dem Versicherungsnehmer zugegangen ist.

§ 146 [Unfallanzeige in der Binnenschiffahrt] Bei der Versicherung gegen die Gefahren der Binnenschiffahrt hat der Versicherungsnehmer jeden Unfall, der das Schiff oder die Ladung trifft, auch wenn dadurch ein Entschädigungsanspruch für ihn nicht begründet wird, dem Versicherer unverzüglich anzuzeigen, sofern der Unfall für die von dem Versicherer zu tragende Gefahr von Erheblichkeit ist.

§ 147 [See-, Fluß- und Landreise] [1]Ist die Versicherung für eine Reise genommen, die teils zur See, teils auf Binnengewässern oder zu Lande ausgeführt wird, so finden auf die Versicherung, auch soweit sie die Reise auf Binnengewässern oder zu

Lande betrifft, die Vorschriften des Handelsgesetzbuchs über die Seeversicherung entsprechende Anwendung. [2]Unberührt bleiben die Vorschriften des § 133 Abs. 2 Satz 2, des § 134 Abs. 2 und des § 135 über die Dispache des Schiffers, über den Beginn und das Ende der Versicherung sowie über die Haftung des Versicherers für die Beförderung zu und von der Eisenbahn.

§ 148 Gesetzlicher Forderungsübergang] Die Vorschrift des § 67 Abs. 1 Satz 2 findet auf die Transportversicherung keine Anwendung.

Sechster Titel. Haftpflichtversicherung

I. Allgemeine Vorschriften[1]

§ 149 [Umfang der Haftung] Bei der Haftpflichtversicherung ist der Versicherer verpflichtet, dem Versicherungsnehmer die Leistung zu ersetzen, die dieser auf Grund seiner Verantwortlichkeit für eine während der Versicherungszeit eintretende Tatsache an einen Dritten zu bewirken hat.

§ 150[2] [Kosten des Rechtsschutzes] (1) [1]Die Versicherung umfaßt die gerichtlichen und außergerichtlichen Kosten, die durch die Verteidigung gegen den von einem Dritten geltend gemachten Anspruch entstehen, soweit die Aufwendung der Kosten den Umständen nach geboten ist. [2]Dies gilt auch dann, wenn sich der Anspruch als unbegründet erweist. [3]Die Versicherung umfaßt auch die Kosten der Verteidigung in einem Strafverfahren, das wegen einer Tat eingeleitet wurde, welche die Verantwortlichkeit des Versicherungsnehmers einem Dritten gegenüber zur Folge haben könnte, sofern diese Kosten auf Weisung des Versicherers aufgewendet wurden. [4]Der Versicherer hat die Kosten auf Verlangen des Versicherungsnehmers vorzuschießen.

(2) [1]Ist eine Versicherungssumme bestimmt, so hat der Versicherer Kosten, die in einem auf seine Veranlassung geführten Rechtsstreit entstehen, und Kosten der Verteidigung nach

---

[1] Überschrift eingef. durch das G v. 7. 11. 1939 (RGBl. I S. 2223).
[2] § 150 Abs. 1 und 2 i. d. F. des G v. 7. 11. 1939 (RGBl. I S. 2223).

Abs. 1 Satz 3 auch insoweit zu ersetzen, als sie zusammen mit der übrigen Entschädigung die Versicherungssumme übersteigen. [2]Das gleiche gilt von Zinsen, die der Versicherungsnehmer infolge einer vom Versicherer veranlaßten Verzögerung der Befriedigung des Dritten diesem zu entrichten hat.

(3) [1]Ist dem Versicherungsnehmer nachgelassen, die Vollstreckung einer gerichtlichen Entscheidung durch Sicherheitsleistung oder Hinterlegung abzuwenden, so hat auf sein Verlangen der Versicherer die Sicherheitsleistung oder Hinterlegung zu bewirken. [2]Diese Verpflichtung besteht nicht über den Betrag der Versicherungssumme hinaus; haftet der Versicherer nach Absatz 2 für einen höheren Betrag, so tritt der Versicherungssumme der Mehrbetrag hinzu. [3]Der Versicherer ist von der Verpflichtung frei, wenn er den Anspruch des Dritten dem Versicherungsnehmer gegenüber als begründet anerkennt.

§ 151 [Haftpflicht aus Geschäftsbetrieb] (1) [1]Ist die Versicherung für die Haftpflicht aus einem geschäftlichen Betrieb des Versicherungsnehmers genommen, so erstreckt sie sich auf die Haftpflicht der Vertreter des Versicherungsnehmers sowie auf die Haftpflicht solcher Personen, welche er zur Leitung oder Beaufsichtigung des Betriebs oder eines Teiles des Betriebs angestellt hat. [2]Die Versicherung gilt insoweit als für fremde Rechnung genommen.

(2) [1]Wird im Falle des Absatzes 1 das Unternehmen an einen Dritten veräußert oder auf Grund eines Nießbrauchs, eines Pachtvertrags oder eines ähnlichen Verhältnisses von einem Dritten übernommen, so tritt an Stelle des Versicherungsnehmers der Dritte in die während der Dauer seiner Berechtigung sich aus dem Versicherungsverhältnis ergebenden Rechte und Pflichten ein. [2]Die Vorschriften des § 69 Abs. 2, 3 und der §§ 70, 71 finden entsprechende Anwendung.

§ 152 [Vorsätzliche Herbeiführung des Versicherungsfalls] Der Versicherer haftet nicht, wenn der Versicherungsnehmer vorsätzlich den Eintritt der Tatsache, für die er dem Dritten verantwortlich ist, widerrechtlich herbeigeführt hat.

§ 153[1] [Anzeigefrist] (1) [1]Der Versicherungsnehmer hat innerhalb einer Woche die Tatsachen anzuzeigen, die seine Ver-

---

[1] § 153 i. d. F. des G v. 7. 11. 1939 (RGBl. I S. 2223).

antwortlichkeit gegenüber einem Dritten zur Folge haben könnten. [2]§ 6 Abs. 3, § 33 Abs. 2 gelten sinngemäß.

(2) Macht der Dritte seinen Anspruch gegenüber dem Versicherungsnehmer geltend, so ist dieser zur Anzeige innerhalb einer Woche nach der Erhebung des Anspruchs verpflichtet.

(3) Durch die Absendung der Anzeige werden die Fristen gewahrt.

(4) [1]Wird gegen den Versicherungsnehmer ein Anspruch gerichtlich geltend gemacht, das Armenrecht nachgesucht oder wird ihm gerichtlich der Streit verkündet, so hat er, wenngleich die Fristen noch laufen, die Anzeige unverzüglich zu erstatten. [2]Das gleiche gilt, wenn gegen ihn wegen des den Anspruch begründenden Ereignisses ein Ermittlungsverfahren eingeleitet wird.

§ 154[1]) [Fälligkeit der Entschädigung] (1) [1]Der Versicherer hat die Entschädigung binnen zwei Wochen von dem Zeitpunkt an zu leisten, in welchem der Dritte von dem Versicherungsnehmer befriedigt oder der Anspruch des Dritten durch rechtskräftiges Urteil, durch Anerkenntnis oder Vergleich festgestellt worden ist. [2]Soweit gemäß § 150 Kosten zu ersetzen sind, ist die Entschädigung binnen zwei Wochen von der Mitteilung der Berechnung an zu leisten.

(2) Eine Vereinbarung, nach welcher der Versicherer von der Verpflichtung zur Leistung frei sein soll, wenn ohne seine Einwilligung der Versicherungsnehmer den Dritten befriedigt oder dessen Anspruch anerkennt, ist unwirksam, falls nach den Umständen der Versicherungsnehmer die Befriedigung oder die Anerkennung nicht ohne offenbare Unbilligkeit verweigern konnte.

§ 155 [Rente] (1) Ist der Versicherungsnehmer dem Dritten zur Gewährung einer Rente verpflichtet, so kann er, wenn die Versicherungssumme den Kapitalwert der Rente nicht erreicht, nur einen verhältnismäßigen Teil der Rente verlangen.

(2) Hat der Versicherungsnehmer für die von ihm geschuldete Rente dem Dritten kraft Gesetzes Sicherheit zu leisten, so erstreckt sich die Verpflichtung des Versicherers auf die Leistung der Sicherheit.

---

[1]) § 154 i. d. F. des G v. 7. 11. 1939 (RGBl. I S. 2223).

§ 156[1] **[Zahlung an den Dritten]** (1) [1]Verfügungen über die Entschädigungsforderung aus dem Versicherungsverhältnis sind dem Dritten gegenüber unwirksam. [2]Der rechtsgeschäftlichen Verfügung steht eine Verfügung gleich, die im Wege der Zwangsvollstreckung oder der Arrestvollziehung erfolgt.

(2) Ist die von dem Versicherungsnehmer an den Dritten zu bewirkende Leistung durch Vergleich, Anerkenntnis oder Urteil festgestellt, so ist der Versicherer nach vorheriger Benachrichtigung des Versicherungsnehmers berechtigt und auf Verlangen des Versicherungsnehmers verpflichtet, die Zahlung an den Dritten zu bewirken.

(3) [1]Sind mehrere Dritte vorhanden und übersteigen ihre Forderungen aus der die Verantwortlichkeit des Versicherungsnehmers begründenden Tatsache die Versicherungssumme, so hat der Versicherer nach Maßgabe des Absatzes 2 die Forderungen nach dem Verhältnis ihrer Beträge zu berichtigen. [2]Ist hierbei die Versicherungssumme erschöpft, so kann sich ein Dritter, der bei der Verteilung nicht berücksichtigt worden ist, nachträglich auf die Vorschrift des Absatzes 1 nicht berufen, wenn der Versicherer mit der Geltendmachung dieser Ansprüche entschuldbarerweise nicht gerechnet hat.

§ 157 [Konkurs des Versicherungsnehmers] Ist über das Vermögen des Versicherungsnehmers der Konkurs eröffnet, so kann der Dritte wegen des ihm gegen den Versicherungsnehmer zustehenden Anspruchs abgesonderte Befriedigung aus der Entschädigungsforderung des Versicherungsnehmers verlangen.

§ 158 [Kündigung nach Versicherungsfall] (1) [1]Hat nach dem Eintritt eines Versicherungsfalls der Versicherer dem Versicherungsnehmer gegenüber seine Verpflichtung zur Leistung der Entschädigung anerkannt oder die Leistung der fälligen Entschädigung verweigert, so ist jeder Teil berechtigt, das Versicherungsverhältnis zu kündigen. [2]Das gleiche gilt, wenn der Versicherer dem Versicherungsnehmer die Weisung erteilt, es über den Anspruch des Dritten zum Rechtsstreit kommen zu lassen.

---

[1] § 156 i. d. F. des G v. 7. 11. 1939 (RGBl. I S. 2223).

(2) [1] Die Kündigung ist nur innerhalb eines Monats seit der Anerkennung der Entschädigungspflicht oder der Verweigerung der Entschädigung oder seit der Rechtskraft des im Rechtsstreit mit dem Dritten ergangenen Urteils zulässig. [2] Der Versicherer hat eine Kündigungsfrist von einem Monat einzuhalten. [3] Der Versicherungsnehmer kann nicht für einen späteren Zeitpunkt als den Schluß der laufenden Versicherungsperiode kündigen.

(3) [1] Kündigt der Versicherungsnehmer, so gebührt dem Versicherer gleichwohl die Prämie für die laufende Versicherungsperiode. [2] Kündigt der Versicherer, so gebührt ihm nur derjenige Teil der Prämie, welcher der abgelaufenen Versicherungszeit entspricht.

§ 158a[1]) [Schutz des Versicherungsnehmers] Auf Vereinbarungen, durch die von den Vorschriften des § 153, § 154 Abs. 1, § 156 Abs. 2 zum Nachteil des Versicherungsnehmers abgewichen wird, kann sich der Versicherer nicht berufen.

II. Besondere Vorschriften für die Pflichtversicherung

§ 158b[2]) [Pflichtversicherung] (1) Für eine Haftpflichtversicherung, zu deren Abschluß eine gesetzliche Verpflichtung besteht (Pflichtversicherung),[3] gelten die besonderen Vorschriften der §§ 158c bis 158k.

(2) [1] Besteht für den Abschluß einer Haftpflichtversicherung eine gesetzliche Verpflichtung, so hat der Versicherer dem Versicherungsnehmer unter Angabe der Versicherungssumme zu bescheinigen, daß eine dem zu bezeichnenden Gesetz entsprechende Haftpflichtversicherung besteht. [2] Soweit die Bescheinigung nicht auf Grund anderer gesetzlicher Bestimmungen gesondert gefordert wird, kann sie mit dem Versicherungsschein verbunden werden.

---

[1]) § 158a eingef. durch G v. 7. 11. 1939 (RGBl. I S. 2223).
[2]) § 158b eingef. durch G v. 7. 11. 1939 (RGBl. I S. 2223), geänd. durch G v. 5. 4. 1965 (BGBl. I S. 213), in Kraft ab 1. 10. 1965; § 158b Abs. 2 eingef. durch G v. 28. 6. 1990 (BGBl. I S. 1249).
[3]) Vgl. das PflichtversicherungsG (Nr. 3), ferner G über die Haftpflichtversicherung für ausländische Kraftfahrzeuge und Kraftfahrzeuganhänger v. 24. 7. 1956 (BGBl. I S. 667) mit allen Änderungen (vgl. Fundstellennachweis A Nr. 925–2).

§ 158 c[1) [Leistungsverpflichtung im Verhältnis zum Dritten] (1) Ist der Versicherer von der Verpflichtung zur Leistung dem Versicherungsnehmer gegenüber ganz oder teilweise frei, so bleibt gleichwohl seine Verpflichtung in Ansehung des Dritten bestehen.

(2) [1]Ein Umstand, der das Nichtbestehen oder die Beendigung des Versicherungsverhältnisses zur Folge hat, wirkt in Ansehung des Dritten erst mit dem Ablauf eines Monats, nachdem der Versicherer diesen Umstand der hierfür zuständigen Stelle angezeigt hat. [2]Das gleiche gilt, wenn das Versicherungsverhältnis durch Zeitablauf endigt. [3]Der Lauf der Frist beginnt nicht vor der Beendigung des Versicherungsverhältnisses. [4]Die Vorschriften dieses Absatzes gelten nicht, wenn eine zur Entgegennahme der Anzeige nach Satz 1 zuständige Stelle nicht bestimmt ist.

(3) Der Versicherer haftet nur im Rahmen der amtlich festgesetzten Mindestversicherungssummen und der von ihm übernommenen Gefahr.

(4) Der Versicherer haftet nicht, wenn und soweit der Dritte in der Lage ist, Ersatz seines Schadens von einem anderen Schadensversicherer oder von einem Sozialversicherungsträger zu erlangen.

(5) [1]Trifft die Leistungspflicht des Versicherers nach den Absätzen 1 oder 2 mit einer Ersatzpflicht auf Grund fahrlässiger Amtspflichtverletzung zusammen, so wird die Ersatzpflicht nach § 839 Abs. 1 des Bürgerlichen Gesetzbuches nicht dadurch ausgeschlossen, daß die Voraussetzungen für die Leistungspflicht des Versicherers vorliegen. [2]Satz 1 gilt nicht, wenn der Beamte nach § 839 des Bürgerlichen Gesetzbuches persönlich haftet.

(6) Ein Recht des Dritten, den Versicherer unmittelbar in Anspruch zu nehmen, wird durch diese Vorschriften nicht begründet.

---

[1] § 158 c eingef. durch G v. 7. 11. 1939 (RGBl. I S. 2223), geänd. durch G v. 5. 4. 1965 (BGBl. I S. 213), in Kraft ab 1. 10. 1965.

§ 158d[1]) [Anzeige- und Auskunftspflicht des Dritten]
(1) Macht der Dritte seinen Anspruch gegen den Versicherungsnehmer geltend, so hat er dies dem Versicherer innerhalb von zwei Wochen schriftlich anzuzeigen.

(2) Macht der Dritte den Anspruch gegen den Versicherungsnehmer gerichtlich geltend, so hat er dies dem Versicherer unverzüglich schriftlich anzuzeigen.

(3) [1]Der Versicherer kann von dem Dritten Auskunft verlangen, soweit sie zur Feststellung des Schadensereignisses und der Höhe des Schadens erforderlich ist. [2]Zur Vorlegung von Belegen ist der Dritte nur insoweit verpflichtet, als ihm die Beschaffung billigerweise zugemutet werden kann.

§ 158e[1]) [Verletzung von Verpflichtungen] (1) [1]Verletzt der Dritte die Verpflichtungen nach § 158d Abs. 2, 3, so beschränkt sich die Haftung des Versicherers nach § 158c auf den Betrag, den er auch bei gehöriger Erfüllung der Verpflichtungen zu leisten gehabt hätte. [2]Liegt eine Verletzung der Verpflichtung nach § 158d Abs. 3 vor, so tritt diese Rechtsfolge nur ein, wenn der Dritte vorher ausdrücklich und schriftlich auf die Folgen der Verletzung hingewiesen worden ist.

(2) Die Vorschrift des Absatzes 1 Satz 1 gilt sinngemäß, wenn der Versicherungsnehmer mit dem Dritten ohne Einwilligung des Versicherers einen Vergleich schließt oder dessen Anspruch anerkennt; § 154 Abs. 2 findet entsprechende Anwendung.

§ 158f[1]) [Gesetzlicher Forderungsübergang] [1]Soweit der Versicherer den Dritten nach § 158c befriedigt, geht die Forderung des Dritten gegen den Versicherungsnehmer auf ihn über. [2]Der Übergang kann nicht zum Nachteil des Dritten geltend gemacht werden.

§ 158g[1]) [Keine Aufrechnung gegenüber Dritten] § 35b findet in Ansehung des Dritten keine Anwendung.

§ 158h[1]) [Veräußerung der versicherten Sache] [1]Die Vorschriften über die Veräußerung der versicherten Sache gelten

---

[1]) §§ 158d–158g eingef. durch G v. 7. 11. 1939 (RGBl. I S. 2223), § 158h Satz 2 angef. durch G v. 21. 7. 1994 (BGBl. I S. 1630).

sinngemäß. ²Schließt der Erwerber eines veräußerten Kraft-
fahrzeuges eine neue Kraftfahrzeug-Haftpflichtversicherung,
ohne die auf ihn übergegangene Versicherung zu kündigen, so
gilt mit Beginn des neuen Versicherungsverhältnisses das alte
Versicherungsverhältnis als gekündigt.

§ 158i¹⁾ [Rückgriff bei mehreren Versicherten] ¹Ist bei
der Versicherung für fremde Rechnung der Versicherer dem
Versicherungsnehmer gegenüber von der Verpflichtung zur
Leistung frei, so kann er dies einem Versicherten, der zur selbständigen Geltendmachung seiner Rechte aus dem Versicherungsvertrag befugt ist, nur dann entgegenhalten, wenn die der
Leistungsfreiheit zugrundeliegenden Umstände in der Person
dieses Versicherten vorliegen oder wenn diese Umstände dem
Versicherten bekannt oder grob fahrlässig nicht bekannt waren.
²Der Umfang der Leistungspflicht bestimmt sich nach § 158c
Abs. 3. § 158c Abs. 4 findet keine Anwendung; § 158c Abs. 5
ist entsprechend anzuwenden. ³Soweit der Versicherer Leistungen nach Satz 1 gewährt, kann er gegen den Versicherungsnehmer Rückgriff nehmen.

§ 158k²⁾ [Anwendbarkeit über Mindestdeckung hinaus]
Die Vorschriften über die Pflichtversicherung finden auch
insoweit Anwendung, als der Versicherungsvertrag eine über
die gesetzlichen Mindestanforderungen hinausgehende Dek-
kung gewährt.

Siebenter Titel. Rechtsschutzversicherung³⁾

**§ 158l [Inhalt des Versicherungsscheins; Schadenab-
wicklungsunternehmen]** (1) ¹Werden Gefahren aus dem Bereich der Rechtsschutzversicherung neben anderen Gefahren
versichert, muß im Versicherungsschein der Umfang der Dek-
kung in der Rechtsschutzversicherung und die hierfür zu ent-
richtende Prämie gesondert ausgewiesen werden. ²Beauftragt

¹⁾ § 158i geänd. durch G v. 17. 12. 1990 (BGBl. I S. 2864).
²⁾ § 158k eingef. durch G v. 5. 4. 1965 (BGBl. I S. 213), in Kraft ab 1. 10. 1965.
³⁾ Siebter Titel (§§ 158l–158o) eingef. durch G v. 28. 6. 1990 (BGBl. I S. 1249).

der Versicherer mit der Leistungsbearbeitung ein selbständiges Schadensabwicklungsunternehmen, so ist dieses im Versicherungsschein zu bezeichnen.

(2) [1]Ansprüche auf die Versicherungsleistung aus einem Vertrag über eine Rechtsschutzversicherung können, wenn ein Schadenabwicklungsunternehmen mit der Leistungsbearbeitung beauftragt ist, nur gegen dieses geltend gemacht werden. [2]Der Titel wirkt für und gegen den Rechtsschutzversicherer. [3]§ 727 der Zivilprozeßordnung ist entsprechend anzuwenden.

§ 158 m [Wahl des Rechtsanwalts] (1) [1]Der Versicherungsnehmer ist berechtigt, zu seiner Vertretung in Gerichts- und Verwaltungsverfahren den Rechtsanwalt, der seine Interessen wahrnehmen soll, aus dem Kreis der Rechtsanwälte, deren Vergütung der Versicherer nach dem Versicherungsvertrag trägt, frei zu wählen. [2]Gleiches gilt, wenn der Versicherungsnehmer Rechtsschutz für die sonstige Wahrnehmung rechtlicher Interessen in Anspruch nehmen kann.

(2) Rechtsanwalt im Sinne dieser Vorschrift ist auch, wer berechtigt ist, unter einer der in § 1 Abs. 1 des Gesetzes zur Durchführung der Richtlinie des Rates der Europäischen Gemeinschaften vom 22. März 1977 zur Erleichterung der tatsächlichen Ausübung des freien Dienstleistungsverkehrs der Rechtsanwälte vom 16. August 1980 (BGBl. I S. 1453), zuletzt geändert durch Artikel 1 des Gesetzes vom 14. März 1990 (BGBl. I S. 479), genannten Bezeichnung beruflich tätig zu werden.

§ 158 n [Verneinung der Leistungspflicht; Anerkennung des Rechtsschutzbedürfnisses] [1]Für den Fall, daß der Versicherer seine Leistungspflicht verneint, weil die Wahrnehmung der rechtlichen Interessen keine hinreichende Aussicht auf Erfolg biete oder mutwillig sei, hat der Versicherungsvertrag ein Gutachterverfahren oder ein anderes Verfahren mit vergleichbaren Garantien für die Objektivität vorzusehen, in dem Meinungsverschiedenheiten zwischen den Parteien über die Erfolgsaussichten oder die Mutwilligkeit einer Rechtsverfolgung entschieden werden. [2]Der Versicherer hat den Versicherungsnehmer bei Verneinung seiner Leistungspflicht hierauf hinzuweisen. [3]Sieht der Versicherungsvertrag kein derartiges Verfahren vor oder unterläßt der Rechtsschutzversicherer den Hinweis, gilt das Rechtsschutzbedürfnis des Versicherungsnehmers im Einzelfall als anerkannt.

§ 158o [Schutz des Versicherungsnehmers] Auf eine Vereinbarung, durch die von den Vorschriften der §§ 158l bis 158n zum Nachteil des Versicherungsnehmers abgewichen wird, kann sich der Versicherer nicht berufen.

Dritter Abschnitt.
Lebens- und Krankenversicherung[1)]

Erster Titel. Lebensversicherung

§ 159[2)] [Versicherte Person] (1) Die Lebensversicherung kann auf die Person des Versicherungsnehmers oder eines anderen genommen werden.

(2) [1]Wird die Versicherung für den Fall des Todes eines anderen genommen und übersteigt die vereinbarte Leistung den Betrag der gewöhnlichen Beerdigungskosten, so ist zur Gültigkeit des Vertrags die schriftliche Einwilligung des anderen erforderlich. [2]Ist der andere geschäftsunfähig oder in der Geschäftsfähigkeit beschränkt oder ist für ihn ein Betreuer bestellt[3)] und steht die Vertretung in den seine Person betreffenden Angelegenheiten dem Versicherungsnehmer zu, so kann dieser den anderen bei der Erteilung der Einwilligung nicht vertreten.

(3) Nimmt der Vater oder die Mutter die Versicherung auf die Person eines minderjährigen Kindes, so bedarf es der Einwilligung des Kindes nur, wenn nach dem Vertrag der Versicherer auch bei Eintritt des Todes vor der Vollendung des siebenten Lebensjahres zur Leistung verpflichtet sein soll und die für diesen Fall vereinbarte Leistung den Betrag der gewöhnlichen Beerdigungskosten übersteigt.

(4) Soweit die Aufsichtsbehörde einen bestimmten Höchstbetrag für die gewöhnlichen Beerdigungskosten festgesetzt hat, ist dieser maßgebend.

[1)] Überschrift geänd., Unterüberschrift eingef. durch G v. 21. 7. 1994 (BGBl. I S. 1630).
[2)] § 159 i. d. F. der VO v. 28. 12. 1942 (RGBl. I S. 740), Abs. 2 ergänzt durch G v. 12. 9. 1990 (BGBl. I S. 2002) mit Wirkung ab 1. 1. 1992.
[3)] Siehe Anm. [2)] zu § 159.

§ 160 [Ärztliche Untersuchung] Durch die Vereinbarung, daß derjenige, auf dessen Person eine Versicherung genommen werden soll, sich zuvor einer ärztlichen Untersuchung zu unterwerfen hat, wird ein Recht des Versicherers, die Vornahme der Untersuchung zu verlangen, nicht begründet.

§ 161[1) [Kenntnis und Verhalten des Versicherungsnehmers und des Versicherten] Soweit nach den Vorschriften dieses Gesetzes die Kenntnis und das Verhalten des Versicherungsnehmers von rechtlicher Bedeutung ist, kommt bei der Versicherung auf die Person eines anderen als des Versicherungsnehmers auch die Kenntnis und das Verhalten des anderen in Betracht.

§ 162 [Unrichtige Altersangabe] [1]Ist das Alter desjenigen, auf dessen Person die Versicherung genommen werden soll, unrichtig angegeben worden und infolge der unrichtigen Angabe die Prämie zu niedrig bestimmt, so mindert sich die Leistung des Versicherers nach dem Verhältnis, in welchem die dem wirklichen Alter entsprechende Prämie zu der vereinbarten Prämie steht. [2]Das Recht, wegen Verletzung der Anzeigepflicht von dem Vertrag zurückzutreten, steht dem Versicherer nur zu, wenn das wirkliche Alter außerhalb der Grenzen liegt, welche durch den Geschäftsplan für den Abschluß von Verträgen festgesetzt sind.

§ 163 [Verletzung der Anzeigepflicht] [1]Wegen einer Verletzung der dem Versicherungsnehmer bei der Schließung des Vertrags obliegenden Anzeigepflicht kann der Versicherer von dem Vertrag nicht mehr zurücktreten, wenn seit der Schließung zehn Jahre verstrichen sind. [2]Das Rücktrittsrecht bleibt bestehen, wenn die Anzeigepflicht arglistig verletzt worden ist.

§ 164 [Gefahrerhöhung] (1) Als Erhöhung der Gefahr gilt nur eine solche Änderung der Gefahrumstände, welche nach ausdrücklicher Vereinbarung als Gefahrerhöhung angesehen werden soll; die Erklärung des Versicherungsnehmers bedarf der schriftlichen Form.

[1) § 161 i. d. F. der VO v. 19. 12. 1939 (RGBl. I S. 2443).

(2) ¹Eine Erhöhung der Gefahr kann der Versicherer nicht mehr geltend machen, wenn seit der Erhöhung zehn Jahre verstrichen sind. ²Der Versicherer bleibt jedoch zur Geltendmachung befugt, wenn die Pflicht, seine Einwilligung einzuholen oder ihm Anzeige zu machen, arglistig verletzt worden ist.

§ 164a¹⁾ [Gefahrenminderung bedeutungslos] § 41a gilt nicht für die Lebensversicherung.

§ 165 [Kündigungsrecht des Versicherungsnehmers]
(1) Sind laufende Prämien zu entrichten, so kann der Versicherungsnehmer das Versicherungsverhältnis jederzeit für den Schluß der laufenden Versicherungsperiode kündigen.

(2) Ist eine Kapitalversicherung für den Todesfall in der Art genommen, daß der Eintritt der Verpflichtung des Versicherers zur Zahlung des vereinbarten Kapitals gewiß ist, so steht das Kündigungsrecht dem Versicherungsnehmer auch dann zu, wenn die Prämie in einer einmaligen Zahlung besteht.

§ 166²⁾ [Bezugsberechtigung] (1) ¹Bei einer Kapitalversicherung ist im Zweifel anzunehmen, daß dem Versicherungsnehmer die Befugnis vorbehalten ist, ohne Zustimmung des Versicherers einen Dritten als Bezugsberechtigten zu bezeichnen sowie an die Stelle des so bezeichneten Dritten einen anderen zu setzen. ²Die Befugnis des Versicherungsnehmers, an die Stelle des bezugsberechtigten Dritten einen anderen zu setzen, gilt im Zweifel auch dann als vorbehalten, wenn die Bezeichnung des Dritten im Vertrag erfolgt ist.

(2) Ein als bezugsberechtigt bezeichneter Dritter erwirbt, wenn der Versicherungsnehmer nichts Abweichendes bestimmt, das Recht auf die Leistung des Versicherers erst mit dem Eintritt des Versicherungsfalls.

§ 167³⁾ [Auslegung der Bezugsberechtigung] (1) Sind bei einer Kapitalversicherung mehrere Personen ohne Bestimmung ihrer Anteile als Bezugsberechtigte bezeichnet, so sind sie zu gleichen Teilen bezugsberechtigt; der von einem Bezugsberech-

---

¹⁾ § 164a eingef. durch VO v. 19. 12. 1939 (RGBl. I S. 2443).
²⁾ § 166 Abs. 2 angef. durch VO v. 19. 12. 1939 (RGBl. I S. 2443).
³⁾ § 167 i. d. F. der VO v. 19. 12. 1939 (RGBl. I S. 2443).

tigten nicht erworbene Anteil wächst den übrigen Bezugsberechtigten zu.

(2) [1]Soll bei einer Kapitalversicherung die Leistung des Versicherers nach dem Tode des Versicherungsnehmers erfolgen und ist die Zahlung an die Erben ohne nähere Bestimmung bedungen, so sind im Zweifel diejenigen, welche zur Zeit des Todes als Erben berufen sind, nach dem Verhältnis ihrer Erbteile bezugsberechtigt. [2]Eine Ausschlagung der Erbschaft hat auf die Berechtigung keinen Einfluß.

(3) Ist der Fiskus als Erbe berufen, so steht ihm ein Bezugsrecht im Sinne des Abs. 2 Satz 1 nicht zu.

§ 168 **[Nichterwerb des Begünstigten]** Wird bei einer Kapitalversicherung das Recht auf die Leistung des Versicherers von dem bezugsberechtigten Dritten nicht erworben, so steht es dem Versicherungsnehmer zu.

§ 169 **[Selbstmord]** [1]Bei einer Versicherung für den Todesfall ist der Versicherer von der Verpflichtung zur Leistung frei, wenn derjenige, auf dessen Person die Versicherung genommen ist, Selbstmord begangen hat. [2]Die Verpflichtung des Versicherers bleibt bestehen, wenn die Tat in einem die freie Willensbestimmung ausschließenden Zustand krankhafter Störung der Geistestätigkeit begangen worden ist.

§ 170 **[Tötung durch Versicherungsnehmer oder Begünstigten]** (1) Ist die Versicherung für den Fall des Todes eines anderen als des Versicherungsnehmers genommen, so ist der Versicherer von der Verpflichtung zur Leistung frei, wenn der Versicherungsnehmer vorsätzlich durch eine widerrechtliche Handlung den Tod des andern herbeiführt.

(2) Ist bei einer Versicherung für den Todesfall ein Dritter als Bezugsberechtigter bezeichnet, so gilt die Bezeichnung als nicht erfolgt, wenn der Dritte vorsätzlich durch eine widerrechtliche Handlung den Tod desjenigen, auf dessen Person die Versicherung genommen ist, herbeiführt.

§ 171 **[Anzeige des Versicherungsfalls]** (1) [1]Eine Anzeige von dem Eintritt des Versicherungsfalls ist dem Versicherer nur zu machen, wenn der Tod als Versicherungsfall bestimmt ist.

[2]Der Anzeigepflicht wird genügt, wenn die Anzeige binnen drei Tagen nach dem Eintritt des Versicherungsfalls erfolgt; durch die Absendung der Anzeige wird die Frist gewahrt.

(2) Steht das Recht auf die Leistung einem anderen als dem Versicherungsnehmer zu, so liegt die Anzeigepflicht dem anderen ob; das gleiche gilt von der Pflicht zur Auskunft und zur Beschaffung von Belegen.

§ 172[1] **[Neufestsetzung der Prämie]** (1) [1]Bietet eine Lebensversicherung Versicherungsschutz für ein Risiko, bei dem der Eintritt der Verpflichtung des Versicherers ungewiß ist, so ist der Versicherer nur bei einer nicht nur als vorübergehend anzusehenden und nicht vorhersehbaren Veränderung des Leistungsbedarfs gegenüber den technischen Berechnungsgrundlagen und der daraus errechneten Prämie berechtigt, die Prämie entsprechend den berichtigten Berechnungsgrundlagen neu festzusetzen, sofern dies erforderlich erscheint, um die dauernde Erfüllbarkeit der Versicherungsleistung zu gewährleisten, und sofern ein unabhängiger Treuhänder die Berechnungsgrundlagen und sonstigen Voraussetzungen für die Änderung überprüft und deren Angemessenheit bestätigt hat. [2]Für Änderungen der Bestimmungen zur Überschußbeteiligung gilt Satz 1 entsprechend. [3]Die Mitwirkung des Treuhänders entfällt, wenn Änderungen nach den Absätzen 1 und 2 der Genehmigung der Aufsichtsbehörde bedürfen.

(2) Ist in den Versicherungsbedingungen der Lebensversicherung eine Bestimmung unwirksam, findet Absatz 1 entsprechende Anwendung, wenn zur Fortführung des Vertrages dessen Ergänzung notwendig ist.

(3) [1]Soweit nichts anderes vereinbart ist, werden Änderungen nach Absatz 1 zu Beginn des zweiten Monats wirksam, der auf die Benachrichtigung des Versicherungsnehmers folgt. [2]Änderungen nach Absatz 2 werden zwei Wochen nach Benachrichtigung des Versicherungsnehmers wirksam.

---

[1] § 172 aufgeh. durch die VO v. 19. 12. 1939 (RGBl. I S. 2443), wieder eingef. durch G v. 21. 7. 1994 (BGBl. I S. 1630).

§ 173[2), 3)] *(aufgehoben)*

[2]) § 173 i. d. F. der VO v. 19. 12. 1939 (RGBl. I S. 2443), aufgeh. durch G v. 21. 7. 1994 (BGBl. I S. 1630).
[3]) Auf die zur Zeit des Inkrafttretens des G v. 21. 7. 1994 *(29. 7. 1994)* bestehenden Lebensversicherungsverhältnisse sind die §§ 173 bis 178 in der vor Inkrafttreten dieses Gesetzes geltenden Fassung anzuwenden (Art. 16 § 6 G v. 21. 7. 1994 I, Nr. **1a**):

§ 173 [Dreijähriges Bestehen der Versicherung] Ist die Prämie für einen Zeitraum von drei Jahren bezahlt, so gelten die besonderen Vorschriften der §§ 174 bis 176.

§ 174 [Umwandlung in prämienfreie Versicherung] (1) Der Versicherungsnehmer kann jederzeit für den Schluß der laufenden Versicherungsperiode die Umwandlung der Versicherung in eine prämienfreie Versicherung verlangen.

(2) Wird die Umwandlung verlangt, so tritt mit dem bezeichneten Zeitpunkt an die Stelle des vereinbarten Kapital- oder Rentenbetrags der Betrag, der sich für das Alter desjenigen, auf dessen Person die Versicherung genommen ist, als Leistung des Versicherers ergibt, wenn die auf die Versicherung entfallende Prämienreserve als einmalige Prämie angesehen wird.

(3) Die Prämienreserve ist für den Schluß der laufenden Versicherungsperiode zu berechnen. Prämienrückstände werden von dem Betrag der Prämienreserve abgesetzt.

(4) Der Versicherer ist zu einem angemessenen Abzug berechtigt. Ist für den Abzug mit Genehmigung der Aufsichtsbehörde in den Versicherungsbedingungen ein bestimmter Betrag festgesetzt, so gilt dieser als angemessen.

§ 175 [Umwandlung durch Kündigung des Versicherers] (1) Kündigt der Versicherer das Versicherungsverhältnis nach § 39, so wandelt sich mit der Kündigung die Versicherung in eine prämienfreie Versicherung um. Auf die Umwandlung findet die Vorschriften des § 174 Absatz 2 bis 4 Anwendung.

(2) Im Falle des § 39 Abs. 2 ist der Versicherer zu der Leistung verpflichtet, die ihm obliegen würde, wenn sich mit dem Eintritt des Versicherungsfalls die Versicherung in eine prämienfreie Versicherung umgewandelt hätte.

(3) Die in § 39 vorgesehene Bestimmung einer Zahlungsfrist muß einen Hinweis auf die eintretende Umwandlung der Versicherung enthalten.

§ 176 [Erstattung der Prämienreserve] (1) Wird eine Kapitalversicherung für den Todesfall, die in der Art genommen ist, daß der Eintritt der Verpflichtung des Versicherers zur Zahlung des vereinbarten Kapitals gewiß ist, durch Rücktritt, Kündigung oder Anfechtung aufgehoben, so hat der Versicherer den Betrag der auf die Versicherung entfallenden Prämienreserve zu erstatten.

(2) Das gleiche gilt bei einer Versicherung der in Abs. 1 bezeichneten Art auch dann, wenn nach dem Eintritt des Versicherungsfalls der Versicherer von der Verpflichtung zur Zahlung des vereinbarten Kapitals frei ist. Im Falle des

§174[1), 2)] [Umwandlung in prämienfreie Versicherung]

(1) [1]Der Versicherungsnehmer kann jederzeit für den Schluß der laufenden Versicherungsperiode die Umwandlung der Versicherung in eine prämienfreie Versicherung verlangen, sofern die dafür vereinbarte Mindestversicherungssumme oder Min-

---

§ 170 Abs. 1 ist jedoch der Versicherer zur Erstattung der Prämienreserve nicht verpflichtet.

(3) Bei der Ermittlung des zu erstattenden Betrags ist die Prämienreserve für den Schluß der Versicherungsperiode zu berechnen, in deren Lauf das Versicherungsverhältnis endigt.

(4) Der Versicherer ist zu einem angemessenen Abzug berechtigt. Ist für den Abzug mit Genehmigung der Aufsichtsbehörde in den Versicherungsbedingungen ein bestimmter Betrag festgesetzt, so gilt dieser als angemessen.

§ 177 [Eintrittsrecht des Bezugsberechtigten bei Vermögensverfall des Versicherungsnehmers] (1) Wird in den Versicherungsanspruch ein Arrest vollzogen oder eine Zwangsvollstreckung vorgenommen oder wird der Konkurs über das Vermögen des Versicherungsnehmers eröffnet, so kann der namentlich bezeichnete Bezugsberechtigte mit Zustimmung des Versicherungsnehmers an seiner Stelle in den Versicherungsvertrag eintreten. Tritt der Bezugsberechtigte ein, so hat er die Forderungen der betreibenden Gläubiger oder der Konkursmasse bis zur Höhe des Betrages zu befriedigen, dessen Zahlung der Versicherungsnehmer im Falle der Kündigung des Versicherungsvertrags vom Versicherer verlangen kann.

(2) Ist ein Bezugsberechtigter nicht oder nicht namentlich bezeichnet, so steht das gleiche Recht dem Ehegatten und den Kindern des Versicherungsnehmers zu.

(3) Der Eintritt erfolgt durch Anzeige an den Versicherer. Die Anzeige kann nur innerhalb eines Monats erfolgen, nachdem der Eintrittsberechtigte von der Pfändung Kenntnis erlangt hat oder der Konkurs eröffnet worden ist.

§ 178 [Schutz des Versicherungsnehmers] (1) Auf eine Vereinbarung, durch welche von den Vorschriften der §§ 162 bis 164, § 165, § 169 oder des § 171 Abs. 1 Satz 2 zum Nachteil des Versicherungsnehmers abgewichen wird, kann sich der Versicherer nicht berufen. Jedoch kann für die Kündigung, zu der nach § 165 der Versicherungsnehmer berechtigt ist, die schriftliche Form bedungen werden.

(2) Auf eine Vereinbarung, durch welche von den Vorschriften der §§ 173 bis 177 zum Nachteil des Versicherungsnehmers oder des Eintrittsberechtigten abgewichen wird, kann sich der Versicherer nicht berufen. In den Versicherungsbedingungen kann jedoch mit Genehmigung der Aufsichtsbehörde eine andere als die in den §§ 174, 175 vorgesehene Art der Umwandlung in eine prämienfreie Versicherung sowie in eine andere als die im § 176 vorgesehene Berechnung des zu erstattenden Betrages bestimmt werden.

[1)] § 174 neugef. durch G v. 21. 7. 1994 (BGBl. I S. 1630).
[2)] Zum Übergangsrecht siehe Anm. [3)] zu § 173 und Nr. **1a**.

destrente erreicht wird. [2]Wird der entsprechende Mindestbetrag nicht erreicht, so hat der Versicherer den auf die Versicherung entfallenden Rückkaufswert zu erstatten, der nach § 176 Abs. 3 und 4 zu berechnen ist.

(2) Bei der Umwandlung ist die Berechnung der prämienfreien Versicherungsleistung nach den anerkannten Regeln der Versicherungsmathematik mit den Rechnungsgrundlagen der Prämienkalkulation vorzunehmen.

(3) Die prämienfreie Leistung ist für den Schluß der laufenden Versicherungsperiode unter Berücksichtigung von Prämienrückständen zu berechnen.

(4) Der Versicherer ist zu einem Abzug nur berechtigt, wenn dieser vereinbart und angemessen ist.

§ 175[1), 2)] **[Umwandlung durch Kündigung des Versicherers]** (1) [1]Kündigt der Versicherer das Versicherungsverhältnis nach § 39, so wandelt sich mit der Kündigung die Versicherung in eine prämienfreie Versicherung um. [2]Auf die Umwandlung findet § 174 Anwendung.

(2) Im Falle des § 39 Abs. 2 ist der Versicherer zu der Leistung verpflichtet, die ihm obliegen würde, wenn sich mit dem Eintritt des Versicherungsfalls die Versicherung in eine prämienfreie Versicherung umgewandelt hätte.

(3) Die in § 39 vorgesehene Bestimmung einer Zahlungsfrist muß einen Hinweis auf die eintretende Umwandlung der Versicherung enthalten.

§ 176[2), 3)] **[Erstattung des Rückkaufwertes]** (1) Wird eine Kapitalversicherung für den Todesfall, die in der Art genommen ist, daß der Eintritt der Verpflichtung des Versicherers zur Zahlung des vereinbarten Kapitals gewiß ist, durch Rücktritt, Kündigung oder Anfechtung aufgehoben, so hat der Versicherer den auf die Versicherung entfallenden Rückkaufswert zu erstatten.

---

[1]) § 175 Abs. 2 i. d. F. der VO v. 28. 12. 1942 (RGBl. I S. 740), Abs. 1 Satz 2 geänd. durch G v. 21. 7. 1994 (BGBl. I S. 1630).
[2]) Zum Übergangsrecht siehe Anm. [3]) zu § 173 und Nr. **1a**.
[3]) § 176 Abs. 1 i. d. F. der VO v. 19. 12. 1939 (RGBl. I S. 2443), neugef. durch G v. 21. 7. 1994 (BGBl. I S. 1630).

(2) ¹Das gleiche gilt bei einer Versicherung der in Absatz 1 bezeichneten Art auch dann, wenn nach dem Eintritt des Versicherungsfalls der Versicherer von der Verpflichtung zur Zahlung des vereinbarten Kapitals frei ist. ²Im Falle des § 170 Abs. 1 ist jedoch der Versicherer zur Erstattung des Rückkaufswerts nicht verpflichtet.

(3) ¹Der Rückkaufswert ist nach den anerkannten Regeln der Versicherungsmathematik für den Schluß der laufenden Versicherungsperiode als Zeitwert der Versicherung zu berechnen. ²Prämienrückstände werden vom Rückkaufswert abgesetzt.

(4) Der Versicherer ist zu einem Abzug nur berechtigt, wenn er vereinbart und angemessen ist.

§ 177¹⁾·²⁾ **[Eintrittsrecht des Bezugsberechtigten bei Vermögensverfall des Versicherungsnehmers]** (1) ¹Wird in den Versicherungsanspruch ein Arrest vollzogen oder eine Zwangsvollstreckung vorgenommen oder wird der Konkurs über das Vermögen des Versicherungsnehmers eröffnet, so kann der namentlich bezeichnete Bezugsberechtigte mit Zustimmung des Versicherungsnehmers an seiner Stelle in den Versicherungsvertrag eintreten. ²Tritt der Bezugsberechtigte ein, so hat er die Forderungen der betreibenden Gläubiger oder der Konkursmasse bis zur Höhe des Betrages zu befriedigen, dessen Zahlung der Versicherungsnehmer im Falle der Kündigung des Versicherungsvertrags vom Versicherer verlangen kann.

(2) Ist ein Bezugsberechtigter nicht oder nicht namentlich bezeichnet, so steht das gleiche Recht dem Ehegatten und den Kindern des Versicherungsnehmers zu.

(3) ¹Der Eintritt erfolgt durch Anzeige an den Versicherer. ²Die Anzeige kann nur innerhalb eines Monats erfolgen, nachdem der Eintrittsberechtigte von der Pfändung Kenntnis erlangt hat oder der Konkurs eröffnet worden ist.

§ 178²⁾·³⁾ **[Schutz des Versicherungsnehmers]** (1) ¹Auf eine Vereinbarung, durch welche von den Vorschriften der

---

¹⁾ § 177 i. d. F. der VO v. 19. 12. 1939 (RGBl. I S. 2443).
²⁾ Zum Übergangsrecht siehe Anm. ³⁾ zu § 173 und Nr. **1a**.
³⁾ § 178 i. d. F. der VO v. 28. 12. 1942 (RGBl. I S. 740), Abs. 2 Satz 1 geänd., Satz 2 aufgeh. durch G v. 21. 7. 1994 (BGBl. I S. 1630).

§§ 162 bis 164, § 165, § 169 oder des § 171 Abs. 1 Satz 2 zum Nachteil des Versicherungsnehmers abgewichen wird, kann sich der Versicherer nicht berufen. [2]Jedoch kann für die Kündigung, zu der nach § 165 der Versicherungsnehmer berechtigt ist, die schriftliche Form bedungen werden.

(2) Auf eine Vereinbarung, durch welche von den Vorschriften der §§ 174 bis 177 zum Nachteil des Versicherungsnehmers oder des Eintrittsberechtigten abgewichen wird, kann sich der Versicherer nicht berufen.

Zweiter Titel. Krankenversicherung[1)·2)]

§ 178a[1)·2)] **[VersNehmer; Befristung]** (1) Die Krankenversicherung kann auf die Person des Versicherungsnehmers oder eines anderen genommen werden.

(2) [1]Soweit der Versicherungsschutz nach den Grundsätzen der Schadensversicherung gewährt wird, sind die §§ 49 bis 51, 55 bis 60 und 62 bis 68a anzuwenden. [2]Die Vorschriften der §§ 23 bis 30 und des § 41 sind auf die Krankenversicherung nicht anzuwenden.

(3) [1]Versicherte Person ist die Person, auf die die Versicherung genommen wird. [2]Soweit die Kenntnis und das Verhalten des Versicherungsnehmers von rechtlicher Bedeutung ist, kommt bei der Versicherung auf die Person eines anderen auch deren Kenntnis und ihr Verhalten in Betracht.

(4) [1]Die Krankenversicherung, die ganz oder teilweise den im gesetzlichen Sozialversicherungssystem vorgesehenen Kranken- oder Pflegeversicherungsschutz ersetzen kann, ist unbefristet. [2]Abweichend von § 8 Abs. 2 Satz 3 kann für die Krankheitskosten- und für die Krankenhaustagegeldversicherung eine Mindestdauer bis zu drei Jahren vereinbart werden. Für Ausbildungs-, Auslands- und Reisekrankenversicherungen können Vertragslaufzeiten vereinbart werden.

§ 178b[1)·2)] **[Umfang des VersSchutzes]** (1) Bei der Krankheitskostenversicherung haftet der Versicherer im vereinbarten

---

[1)] Zum Übergangsrecht siehe Art. 16 § 7 G v. 21. 7. 1994 (Nr. **1a**).
[2)] Zweiter Titel (§§ 178a–178n) eingef. durch G v. 21. 7. 1994 (BGBl. I S. 1630).

Umfang für die Aufwendungen für medizinisch notwendige Heilbehandlung wegen Krankheit oder Unfallfolgen und für sonstige vereinbarte Leistungen einschließlich solcher bei Schwangerschaft und Entbindung sowie für ambulante Vorsorgeuntersuchungen zur Früherkennung von Krankheiten nach gesetzlich eingeführten Programmen.

(2) Bei der Krankenhaustagegeldversicherung ist der Versicherer verpflichtet, bei medizinisch notwendiger stationärer Heilbehandlung das vereinbarte Krankenhaustagegeld zu leisten.

(3) Bei der Krankentagegeldversicherung ist der Versicherer verpflichtet, den als Folge von Krankheit oder Unfall durch Arbeitsunfähigkeit verursachten Verdienstausfall durch das vereinbarte Krankentagegeld zu ersetzen.

(4) In der Pflegekrankenversicherung haftet der Versicherer im Fall der Pflegebedürftigkeit im vereinbarten Umfang für Aufwendungen, die für die Pflege der versicherten Person entstehen (Pflegekostenversicherung) oder er leistet das vereinbarte Tagegeld (Pflegetagegeldversicherung).

§ 178c[1) 2)] **[Wartezeit]** (1) [1]Soweit Wartezeiten vereinbart werden, dürfen diese in der Krankheitskosten-, Krankentagegeld- und Krankenhaustagegeldversicherung als allgemeine Wartezeit drei Monate und als besondere Wartezeit für Entbindung, Psychotherapie, Zahnbehandlung, Zahnersatz und Kieferorthopädie acht Monate nicht überschreiten. [2]In der Pflegekrankenversicherung darf die Wartezeit drei Jahre nicht überschreiten.

(2) [1]Personen, die aus einer gesetzlichen Krankenversicherung ausscheiden, ist die dort ununterbrochen zurückgelegte Versicherungszeit auf die Wartezeit anzurechnen, sofern die Versicherung spätestens zwei Monate nach Beendigung der Vorversicherung zum unmittelbaren Anschluß daran beantragt wird. [2]Gleiches gilt für Personen, die aus einem öffentlichen Dienstverhältnis mit Anspruch auf Heilfürsorge ausscheiden.

[1)] Zum Übergangsrecht siehe Art. 16 § 7 G v. 21. 7. 1994 (Nr. **1a**).
[2)] Zweiter Titel (§§ 178a–178n) eingef. durch G v. 21. 7. 1994 (BGBl. I S. 1630).

§ 178d[1),2)] **[Geburt; Adoption]** (1) [1]Besteht am Tag der Geburt für mindestens ein Elternteil eine Krankenversicherung, ist der Versicherer verpflichtet, dessen neugeborenes Kind ab Vollendung der Geburt ohne Risikozuschläge und Wartezeiten zu versichern, wenn die Anmeldung zur Versicherung spätestens zwei Monate nach dem Tag der Geburt rückwirkend erfolgt. [2]Diese Verpflichtung besteht nur insoweit, als der beantragte Versicherungsschutz des Neugeborenen nicht höher und nicht umfassender als der des versicherten Elternteils ist.

(2) [1]Der Geburt eines Kindes steht die Adoption gleich, sofern das Kind im Zeitpunkt der Adoption noch minderjährig ist. [2]Besteht eine höhere Gefahr, so ist die Vereinbarung eines Risikozuschlages höchstens bis zur einfachen Prämienhöhe zulässig.

(3) [1]Als Voraussetzung für die Versicherung des Neugeborenen oder des Adoptivkindes kann eine Mindestversicherungsdauer des Elternteils vereinbart werden. [2]Diese darf drei Monate nicht übersteigen.

§ 178e[1),2)] **[Beihilfe]** [1]Ändert sich bei einem Versicherten mit Anspruch auf Beihilfe nach den Grundsätzen des öffentlichen Dienstes der Beihilfebemessungssatz oder entfällt der Beihilfeanspruch, so hat der Versicherungsnehmer Anspruch darauf, daß der Versicherer den Versicherungsschutz im Rahmen der bestehenden Krankheitskostentarife so anpaßt, daß dadurch der veränderte Beihilfebemessungssatz oder der weggefallene Beihilfeanspruch ausgeglichen wird. [2]Wird der Antrag innerhalb von zwei Monaten nach der Änderung gestellt, hat der Versicherer den angepaßten Versicherungsschutz ohne erneute Risikoprüfung oder Wartezeiten zu gewähren.

§ 178f[1),2)] **[Tarifwechsel]** (1) [1]Bei bestehendem Versicherungsverhältnis kann der Versicherungsnehmer vom Versicherer verlangen, daß dieser Anträge auf Wechsel in andere Tarife mit gleichartigem Versicherungsschutz unter Anrechnung der aus dem Vertrag erworbenen Rechte und der Alterungsrück-

---

[1)] Zum Übergangsrecht siehe Art. 16 § 7 G v. 21. 7. 1994 (Nr. **1a**).
[2)] Zweiter Titel (§§ 178a–178n) eingef. durch G v. 21. 7. 1994 (BGBl. I S. 1630).

stellung annimmt. [2]Soweit die Leistungen in dem Tarif, in den der Versicherungsnehmer wechseln will, höher oder umfassender sind als in dem bisherigen Tarif, kann der Versicherer für die Mehrleistung einen Leistungsausschluß oder einen angemessenen Risikozuschlag und insoweit auch eine Wartezeit verlangen. [3]Der Versicherungsnehmer kann die Vereinbarung eines Risikozuschlages und einer Wartezeit dadurch abwenden, daß er hinsichtlich der Mehrleistung einen Leistungsausschluß vereinbart.

(2) Absatz 1 gilt nicht für befristete Versicherungsverhältnisse.

§ 178 g[1),2)] [Prämie]

(1) [1]Bei einem Versicherungsverhältnis, bei dem die Prämie entsprechend den technischen Berechnungsgrundlagen nach den §§ 12 und 12a in Verbindung mit § 12c des Versicherungsaufsichtsgesetzes zu berechnen ist, kann der Versicherer nur die sich daraus ergebende Prämie verlangen. [2]Unbeschadet bleibt die Möglichkeit, mit Rücksicht auf ein erhöhtes Risiko einen angemessenen Risikozuschlag oder einen Leistungsausschluß zu vereinbaren.

(2) Ist bei einem Versicherungsverhältnis das ordentliche Kündigungsrecht des Versicherers gesetzlich oder vertraglich ausgeschlossen, so ist der Versicherer bei einer als nicht nur vorübergehend anzusehenden Veränderung des tatsächlichen Schadensbedarfs gegenüber der technischen Berechnungsgrundlage und der daraus errechneten Prämie berechtigt, die Prämie entsprechend den berichtigten Berechnungsgrundlagen auch für bestehende Versicherungsverhältnisse neu festzusetzen, sofern ein unabhängiger Treuhänder die Berechnungsgrundlagen überprüft und der Prämienanpassung zugestimmt hat.

(3) [1]Ist bei einem Versicherungsverhältnis, bei dem die Prämie entsprechend den technischen Berechnungsgrundlagen nach den §§ 12 und 12a in Verbindung mit § 12c des Versicherungsaufsichtsgesetzes zu berechnen ist, das ordentliche Kündigungsrecht des Versicherers gesetzlich oder vertraglich ausge-

---

[1)] Zum Übergangsrecht siehe Art. 16 § 7 G v. 21. 7. 1994 (Nr. 1a).
[2)] Zweiter Titel (§§ 178a–178n) eingef. durch G v. 21. 7. 1994 (BGBl. I S. 1630).

schlossen, so ist der Versicherer bei einer nicht nur als vorübergehend anzusehenden Veränderung der Verhältnisse des Gesundheitswesens berechtigt, die Versicherungsbedingungen und die Tarifbestimmungen den veränderten Verhältnissen anzupassen, wenn die Änderungen zur hinreichenden Wahrung der Belange der Versicherten erforderlich erscheinen und ein unabhängiger Treuhänder die Voraussetzungen für die Änderungen überprüft und ihre Angemessenheit bestätigt hat. [2]Ist in den Versicherungsbedingungen eine Bestimmung unwirksam, findet Satz 1 entsprechende Anwendung, wenn zur Fortführung des Vertrages dessen Ergänzung notwendig ist.

(4) Soweit nichts anderes vereinbart ist, werden Änderungen nach den Absätzen 2 und 3 zu Beginn des zweiten Monats wirksam, der auf die Benachrichtigung des Versicherungsnehmers folgt.

§ 178h[1),2)] **[Kündigung durch VersNehmer]** (1) [1]Vorbehaltlich einer vereinbarten Mindestversicherungsdauer in der Krankheitskosten- und in der Krankenhaustagegeldversicherung kann der Versicherungsnehmer ein Krankenversicherungsverhältnis, das für die Dauer von mehr als einem Jahr eingegangen ist, zum Ende des ersten Jahres oder jedes darauf folgenden Jahres unter Einhaltung einer Frist von drei Monaten kündigen. [2]Die Kündigung kann auf einzelne versicherte Personen oder Tarife beschränkt werden.

(2) [1]Wird eine versicherte Person kraft Gesetzes kranken- oder pflegeversicherungspflichtig, so kann der Versicherungsnehmer binnen zwei Monaten nach Eintritt der Versicherungspflicht eine Krankheitskosten-, eine Krankentagegeld- oder eine Pflegekrankenversicherung rückwirkend zum Eintritt der Versicherungspflicht kündigen. [2]Macht der Versicherungsnehmer von seinem Kündigungsrecht Gebrauch, steht dem Versicherer die Prämie nur bis zu diesem Zeitpunkt zu. [3]Später kann der Versicherungsnehmer das Versicherungsverhältnis zum Ende des Monats kündigen, in dem er den Eintritt der Versicherungspflicht nachweist. [4]Der Versicherungspflicht steht gleich der gesetzliche Anspruch auf Familienversicherung oder der

---

[1)] Zum Übergangsrecht siehe Art. 16 § 7 G v. 21. 7. 1994 (Nr. **1a**).
[2)] Zweiter Titel (§§ 178a–178n) eingef. durch G v. 21. 7. 1994 (BGBl. I S. 1630).

nicht nur vorübergehende Anspruch auf Heilfürsorge aus einem beamtenrechtlichen oder ähnlichen Dienstverhältnis.

(3) Hat eine Vereinbarung im Versicherungsvertrag zur Folge, daß bei Erreichen eines bestimmten Lebensalters oder bei Eintreten anderer dort genannter Voraussetzungen die Prämie für ein anderes Lebensalter oder eine andere Altersgruppe gilt oder die Prämie unter Berücksichtigung einer Alterungsrückstellung berechnet wird, kann der Versicherungsnehmer das Versicherungsverhältniss hinsichtlich der betroffenen versicherten Person binnen zwei Monaten nach der Änderung zum Zeitpunkt deren Inkrafttretens kündigen, wenn sich die Prämie durch die Änderung erhöht.

(4) Erhöht der Versicherer aufgrund einer Anpassungsklausel die Prämie oder vermindert er die Leistung, so kann der Versicherungsnehmer hinsichtlich der betroffenen versicherten Personen innerhalb von einem Monat nach Zugang der Änderungsmitteilung mit Wirkung für den Zeitpunkt kündigen, zu dem die Prämienerhöhung oder die Leistungsminderung wirksam werden soll.

(5) [1]Hat sich der Versicherer vorbehalten, die Kündigung auf einzelne versicherte Personen oder Tarife zu beschränken und macht er von dieser Möglichkeit Gebrauch, so kann der Versicherungsnehmer innerhalb von zwei Wochen nach Zugang der Kündigung die Aufhebung des übrigen Teils der Versicherung zu dem Zeitpunkt verlangen, in dem die Kündigung wirksam wird. [2]Satz 1 gilt entsprechend, wenn der Versicherer die Anfechtung oder den Rücktritt nur für einzelne versicherte Personen oder Tarife erklärt. [3]In diesen Fällen kann der Versicherungsnehmer die Aufhebung zum Schluß des Monats verlangen, in dem ihm die Erklärung des Versicherers zugegangen ist.

§ 178i[1),2)] **[Kündigung durch Versicherer]** (1) [1]Die ordentliche Kündigung einer Krankheitskosten-, Krankentagegeld- und einer Pflegekrankenversicherung durch den Versicherer ist ausgeschlossenen, wenn die Versicherung ganz oder teilweise den im gesetzlichen Sozialversicherungssystem vorgese-

---

[1] Zum Übergangsrecht siehe Art. 16 § 7 G v. 21. 7. 1994 (Nr. **1a**).
[2] Zweiter Titel (§§ 178a–178n) eingef. durch G v. 21. 7. 1994 (BGBl. I S. 1630).

henen Kranken- oder Pflegeversicherungsschutz ersetzen kann. [2]Sie ist weiterhin ausgeschlossen für eine Krankenhaustagegeldversicherung, die neben einer Krankheitskostenvollversicherung besteht. [3]Eine Krankentagegeldversicherung, für die kein gesetzlicher Anspruch auf einen Beitragszuschuß des Arbeitgebers besteht, kann der Versicherer abweichend von Satz 1 in den ersten drei Jahren unter Einhaltung einer Frist von drei Monaten zum Ende eines jeden Versicherungsjahres kündigen.

(2) [1]Liegen bei einer Krankenhaustagegeldversicherung oder einer Krankheitskostenteilversicherung die Voraussetzungen nach Absatz 1 nicht vor, so kann der Versicherer das Versicherungsverhältnis nur innerhalb der ersten drei Versicherungsjahre zum Ende eines Versicherungsjahres kündigen. [2]Die Kündigungsfrist beträgt drei Monate.

(3) Die ordentliche Kündigung eines Gruppenversicherungsvertrages durch den Versicherer ist zulässig, wenn die versicherten Personen das Versicherungsverhältnis unter Anrechnung der aus dem Vertrag erworbenen Rechte und der Alterungsrückstellung zu den Bedingungen der Einzelversicherung fortsetzen können.

§ 178k[1),2)] [Kündigung wegen Obliegenheitsverletzung] [1]Wegen einer Verletzung der dem Versicherungsnehmer bei der Schließung des Vertrages obliegenden Anzeigepflicht kann der Versicherer vom Vertrag nicht mehr zurücktreten, wenn seit der Schließung drei Jahre verstrichen sind. [2]Das Rücktrittsrecht bleibt bestehen, wenn die Anzeigepflicht arglistig verletzt worden ist.

§ 178l[1),2)] [Leistungsfreiheit] Der Versicherer ist von der Verpflichtung zur Leistung frei, wenn der Versicherungsnehmer oder die versicherte Person die Krankheit oder den Unfall bei sich selbst vorsätzlich herbeigeführt hat.

§ 178m[1),2)] [Auskunftsanspruch] [1]Der Versicherer ist verpflichtet, auf Verlangen des Versicherungsnehmers oder jeder versicherten Person einem von ihnen benannten Arzt Auskunft

---

[1)] Zum Übergangsrecht siehe Art. 13 § 7 G v. 21. 7. 1994 (Nr. **1a**).
[2)] Zweiter Titel (§§ 178a–178n) eingef. durch G v. 21. 7. 1994 (BGBl. I S. 1630).

über und Einsicht in Gutachten zu geben, die er bei der Prüfung seiner Leistungspflicht über die Notwendigkeit einer medizinischen Behandlung eingeholt hat. [2]Der Auskunftsanspruch kann jedoch nur von der jeweils betroffenen Person oder ihrem gesetzlichen Vertreter geltend gemacht werden.

§ 178n[1)·2)] **[Wechsel des VersNehmers]** (1) Endet das Versicherungsverhältnis durch den Tod des Versicherungsnehmers, so sind die versicherten Personen berechtigt, binnen zwei Monaten nach dem Tod des Versicherungsnehmers die Fortsetzung des Versicherungsverhältnisses unter Benennung des künftigen Versicherungsnehmers zu erklären.

(2) [1]Kündigt der Versicherungsnehmer das Versicherungsverhältnis insgesamt oder für einzelne versicherte Personen, so gilt Absatz 1 entsprechend. [2]Die Kündigung ist nur wirksam, wenn der Versicherungsnehmer nachweist, daß die versicherte Person von der Kündigungserklärung Kenntnis erlangt hat.

§ 178o[1)·2)] **[Abweichende Vereinbarung]** Auf eine Vereinbarung, durch welche von den Vorschriften des § 178a Abs. 4, der §§ 178c bis 178f, des § 178g Abs. 1 bis 3 und der §§ 178h bis 178n zum Nachteil des Versicherungsnehmers oder der versicherten Person abgewichen wird, kann sich der Versicherer nicht berufen.

Vierter Abschnitt. Unfallversicherung

§ 179[3)] **[Unfallversicherung auf die Person des Versicherungsnehmers oder eines anderen]** (1) Die Unfallversicherung kann gegen Unfälle, die dem Versicherungsnehmer oder gegen Unfälle, die einem anderen zustoßen, genommen werden.

(2) [1]Eine Versicherung gegen Unfälle, die einem anderen zustoßen, gilt im Zweifel als für Rechnung des anderen genom-

---

[1)] Zum Übergangsrecht siehe Art. 13 § 7 G v. 21. 7. 1994 (Nr. **1a**).
[2)] Zweiter Titel (§§ 178a–178n) eingef. durch G v. 21. 7. 1994 (BGBl. I S. 1630).
[3)] § 179 Abs. 4 i. d. F. der VO v. 19. 12. 1939 (RGBl. I S. 2443), Abs. 3 angef. durch G v. 12. 9. 1990 (BGBl. I S. 2002) mit Wirkung vom 1. 1. 1992.

men. ²Die Vorschriften der §§ 75 bis 79 finden entsprechende Anwendung.

(3) ¹Wird eine Versicherung gegen Unfälle, die einem anderen zustoßen, von dem Versicherungsnehmer für eigene Rechnung genommen, so ist zur Gültigkeit des Vertrags die schriftliche Einwilligung des anderen erforderlich. ²Ist der andere geschäftsunfähig oder in der Geschäftsfähigkeit beschränkt oder ist für ihn ein Betreuer bestellt¹⁾ und steht die Vertretung in den seine Person betreffenden Angelegenheiten dem Versicherungsnehmer zu, so kann dieser den anderen bei der Erteilung der Einwilligung nicht vertreten.

(4) Soweit im Falle des Abs. 3 die Kenntnis und das Verhalten des Versicherungsnehmers nach den Vorschriften dieses Gesetzes von rechtlicher Bedeutung ist, kommt auch die Kenntnis und das Verhalten des anderen in Betracht.

§ 180 [Bezugsberechtigung bei Kapitalversicherung] Ist als Leistung des Versicherers die Zahlung eines Kapitals vereinbart, so gelten die Vorschriften der §§ 166 bis 168.

§ 180a²⁾ [Vermutung der Unfreiwilligkeit] (1) Hängt die Leistungspflicht des Versicherers davon ab, daß der Betroffene unfreiwillig eine Gesundheitsbeschädigung erlitten hat, so wird die Unfreiwilligkeit bis zum Beweise des Gegenteils vermutet.

(2) Auf eine Vereinbarung, durch die von den Vorschriften des Absatzes 1 zum Nachteil des Betroffenen abgewichen wird, kann sich der Versicherer nicht berufen.

§ 181²⁾ [Vorsätzliche Herbeiführung des Unfalls] (1) Der Versicherer ist von der Verpflichtung zur Leistung frei, wenn im Falle des § 179 Abs. 3 der Versicherungsnehmer vorsätzlich durch eine widerrechtliche Handlung den Unfall herbeigeführt hat.

(2) Ist ein Dritter als Bezugsberechtigter bezeichnet, so gilt die Bezeichnung als nicht erfolgt, wenn der Dritte vorsätzlich durch eine widerrechtliche Handlung den Unfall herbeiführt.

---

¹⁾ Siehe Anm. ²⁾ zu § 159.
²⁾ § 180a eingef., § 181 neugef. durch G v. 30. 6. 1967 (BGBl. I S. 609).

§ 182 [Pflicht zur Anzeige] Die Pflicht zur Anzeige des Versicherungsfalls liegt, wenn das Recht auf die Leistung einem bezugsberechtigten Dritten zusteht, diesem ob; das gleiche gilt von der Pflicht zur Auskunft und zur Beschaffung von Belegen.

§ 183 [Abwendung und Minderung der Unfallfolgen] [1]Der Versicherungsnehmer hat für die Abwendung und Minderung der Folgen des Unfalls nach Möglichkeit zu sorgen und dabei die Weisungen des Versicherers zu befolgen, soweit ihm nicht etwas Unbilliges zugemutet wird. [2]Auf eine Vereinbarung, durch welche von dieser Vorschrift zum Nachteil des Versicherungsnehmers abgewichen wird, kann sich der Versicherer nicht berufen.

§ 184 [Feststellung durch Sachverständige] (1) [1]Sollen nach dem Vertrag einzelne Voraussetzungen des Anspruchs aus der Versicherung oder das Maß der durch den Unfall herbeigeführten Einbuße an Erwerbsfähigkeit durch Sachverständige festgestellt werden, so ist die getroffene Feststellung nicht verbindlich, wenn sie offenbar von der wirklichen Sachlage erheblich abweicht. [2]Die Feststellung erfolgt in diesem Falle durch Urteil. [3]Das gleiche gilt, wenn die Sachverständigen die Feststellung nicht treffen können oder wollen oder sie verzögern.

(2) Sind nach dem Vertrag die Sachverständigen durch das Gericht zu ernennen, so finden auf die Ernennung die Vorschriften des § 64 Abs. 2 entsprechende Anwendung.

(3) Eine Vereinbarung, durch welche von der Vorschrift des Absatzes 1 Satz 1 abgewichen wird, ist nichtig.

§ 185[1)] [Erstattung der Ermittlungskosten] (1) Der Versicherer hat dem Versicherungsnehmer die Kosten, welche durch die Ermittlung und Feststellung des Unfalls sowie des Umfanges der Leistungspflicht des Versicherers entstehen, insoweit zu erstatten, als ihre Aufwendung den Umständen nach geboten war.

(2) Besteht zum Abschluß einer Unfallversicherung eine gesetzliche Verpflichtung, so gilt § 158b Abs. 2 entsprechend.

[1)] § 185 Abs. 2 eingef. durch G v. 28. 6. 1990 (BGBl. I S. 1249).

Fünfter Abschnitt. Schlußvorschriften

§ 186 [**Unanwendbarkeit bei See- und Rückversicherung**] Die Vorschriften dieses Gesetzes finden auf die Seeversicherung[1] und auf die Rückversicherung keine Anwendung.

§ 187[2] [**Ausnahmen von Beschränkungen der Vertragsfreiheit**] Die in diesem Gesetz vorgesehenen Beschränkungen der Vertragsfreiheit sind auf die in Artikel 10 Abs. 1 des Einführungsgesetzes zum Gesetz über den Versicherungsvertrag genannten Großrisiken nicht anzuwenden.

§ 188[3] *(gegenstandslos)*

§ 189[4] [**Kleine VVaG; Volksversicherung**] (1) Die Vorschriften der §§ 38, 39, 42 über die nicht rechtzeitige Zahlung einer Prämie, des § 165 über das Kündigungsrecht des Versicherungsnehmers und die Vorschriften der §§ 174 bis 176, 178 über die Gewährung einer prämienfreien Versicherung und die Erstattung der Prämienreserve finden, soweit mit Genehmigung der Aufsichtsbehörde in den Versicherungsbedingungen abweichende Bestimmungen getroffen sind, keine Anwendung:

1. auf Versicherungen bei Werkpensionskassen mit Zwangsbeitritt und auf Versicherungen, die bei einem Verein genommen werden, der als kleinerer Verein im Sinne des Versicherungsaufsichtsgesetzes anerkannt ist,
2. auf die Sterbegeldversicherung, die Volksversicherung sowie auf sonstige Arten der Lebensversicherung mit kleineren Beträgen,
3. auf die Unfallversicherung mit kleineren Beträgen.

(2) Sind für Versicherungen mit kleineren Beträgen im Sinne des Absatzes 1 Nr. 2, 3 abweichende Bestimmungen getroffen,

---

[1] Vgl. §§ 804 ff. HGB, die praktisch durch die Allgemeinen Deutschen Seeversicherungsbedingungen (ADS) von 1919 verdrängt worden sind.
[2] § 187 i. d. F. der VO v. 19. 12. 1939 (RGBl. I S. 2443), ferner neugef. durch G v. 28. 6. 1990 (BGBl. I S. 1249).
[3] § 188 enthielt eine wegen Art. 129 Abs. 3 GG erloschene Ermächtigung.
[4] § 189 i. d. F. der VO v. 28. 12. 1942 (RGBl. I S. 740), geänd. durch G v. 21. 7. 1994 (BGBl. I S. 1630).

so kann deren Gültigkeit nicht unter Berufung darauf angefochten werden, daß es sich nicht um Versicherungen mit kleineren Beträgen handle.

§ 190[1] [Innungsunterstützungskassen, Berufsgenossenschaften] [1]Die Vorschriften dieses Gesetzes finden keine Anwendung auf Versicherungsverhältnisse, die bei den auf Grund *der Gewerbeordnung* von Innungen oder Innungsverbänden errichteten Unterstützungskassen begründet werden. [2]Das gleiche gilt von Versicherungsverhältnissen, die bei Berufsgenossenschaften gemäß *§ 23 des Gesetzes, betreffend die Abänderung der Unfallversicherungsgesetze vom 30. Juni 1900 (Reichsgesetzbl. S. 335)*[2] begründet werden.

§ 191[3] *(aufgehoben)*

§ 192[4] *(aufgehoben)*

§ 193 [Wiederaufbaupflicht nach Landesrecht] (1) Unberührt bleiben die landesgesetzlichen Vorschriften, nach welchen der Versicherer verpflichtet ist, die Entschädigungssumme nur zur Wiederherstellung des versicherten Gegenstandes zu zahlen.

(2) Die Landesgesetze können bestimmen, in welcher Weise im Falle des § 97 die Verwendung des Geldes zu sichern ist.

§ 194[5] *(aufgehoben)*

---

[1] § 190 i. d. F. des G v. 20. 12. 1911 (RGBl. S. 985).
[2] Jetzt: §§ 762 und 764 RVO i. d. F. v. 15. 12. 1924 (RGBl. I S. 779) mit allen Änderungen (vgl. Fundstellennachweis A Nr. 820–1).
[3] § 191 aufgeh. durch VO v. 19. 12. 1939 (RGBl. I S. 2443).
[4] § 192 aufgeh. durch G v. 21. 7. 1994 (BGBl. I S. 1630).
[5] § 194 aufgeh. durch VO v. 19. 12. 1939 (RGBl. I S. 2443).

1a. Art. 16 Drittes Gesetz zur Durchführung versicherungsrechtlicher Richtlinien des Rates der Europäischen Gemeinschaft (Drittes Durchführungsgesetz/EWG zum VAG)

Vom 21. Juli 1994 (BGBl. I S. 1630, 1667)

(Auszug)

Artikel 16. Übergangs- und Schlußbestimmungen

§ 1. Lebensversicherungsunternehmen, die die in § 54a Abs. 4c des Versicherungsaufsichtsgesetzes genannte Anlagequote am 9. Dezember 1992 überschritten haben, sowie sonstige Versicherungsunternehmen, die diese Quote am 11. August 1992 überschritten haben, haben die Quote spätestens bis zum 31. Dezember 1998 zu erfüllen.

§ 2. [1]Soweit Versicherungsunternehmen bis zum 31. Dezember 1994 allgemeine Versicherungsbedingungen verwenden, die vor dem 1. Juli 1994 von der zuständigen Aufsichtsbehörde genehmigt worden sind, finden die §§ 10 und 10a des Versicherungsaufsichtsgesetzes in der Fassung dieses Gesetzes keine Anwendung. [2]Auf bis zum 31. Dezember 1994 unter Verwendung vor dem 1. Juli 1994 genehmigter allgemeiner Versicherungsbedingungen abgeschlossene Lebensversicherungsverträge sind die §§ 11c und 81c Abs. 2 des Versicherungsaufsichtsgesetzes anzuwenden.

§ 3. (1) Sind auf Versicherungsunternehmen mit Sitz in einem Vertragsstaat des Abkommens über den Europäischen Wirtschaftsraum in der Fassung des Anpassungsprotokolls vom 17. März 1993 (BGBl. 1993 II S. 1294), der nicht der Europäischen Gemeinschaft angehört, die Bestimmungen der Dritten Richtlinie Schadenversicherung und der Dritten Richtlinie Lebensversicherung noch nicht anzuwenden, so gelten die Vorschriften des Versicherungsaufsichtsgesetzes insoweit nicht, als sie die Erteilung der Erlaubnis zum Geschäftsbetrieb und die Aufsicht durch die Aufsichtsbehörde des Herkunftslandes für das gesamte Gebiet der Vertragsstaaten voraussetzen; insoweit ist das Versicherungsaufsichtsgesetz in der am 28. Juli 1994 geltenden Fassung anzuwenden.

(2) Für die Tätigkeit inländischer Versicherungsunternehmen in einem Vertragsstaat des Abkommens über den Europäischen Wirtschaftsraum in der Fassung des Anpassungsprotokolls vom 17. März 1993 (BGBl. 1993 II S. 1294), der nicht der Europäischen Gemeinschaft angehört, gilt Absatz 1 entsprechend.

(3) Das Bundesministerium der Finanzen gibt im Bundesanzeiger bekannt, ab welchem Zeitpunkt das Versicherungsaufsichtsgesetz in vollem Umfang in der ab 29. Juli 1994 geltenden Fassung auf die in den Absätzen 1 und 2 genannten Versicherungsunternehmen anzuwenden ist.

§ 4. Auf die zur Zeit des Inkrafttretens dieses Gesetzes bestehenden Versicherungsverhältnisse finden die Vorschriften des Gesetzes über den Versicherungsvertrag und des Pflichtversicherungsgesetzes in der Fassung dieses Gesetzes nach Maßgabe der nachfolgenden Bestimmungen Anwendung.

§ 5. (1) § 31 des Gesetzes über den Versicherungsvertrag in der Fassung dieses Gesetzes ist auf die zur Zeit des Inkrafttretens dieses Gesetzes bestehenden Versicherungsverhältnisse über Lebens-, Kranken- und Kraftfahrzeug-Haftpflichtversicherungen anzuwenden.

(2) Im übrigen findet § 31 des Gesetzes über den Versicherungsvertrag in der Fassung dieses Gesetzes auf die zur Zeit des Inkrafttretens dieses Gesetzes bestehenden Versicherungsverhältnisse keine Anwendung.

(3) § 8 Abs. 3 des Gesetzes über den Versicherungsvertrag in der Fassung dieses Gesetzes ist auf Versicherungsverträge anzuwenden, die nach dem 24. Juni 1994 abgeschlossen worden sind.

§ 6. [1] Auf die zur Zeit des Inkrafttretens dieses Gesetzes bestehenden Lebensversicherungsverhältnisse sind die §§ 173 bis 178 des Gesetzes über den Versicherungsvertrag in der vor Inkrafttreten dieses Gesetzes geltenden Fassung anzuwenden. [2] Das gleiche gilt für Versicherungsverhältnisse, die bis zum 31. Dezember 1994 unter Verwendung vor dem 29. Juli 1994 genehmigter Versicherungsbedingungen abgeschlossen werden.

§ 7. (1) Auf die zur Zeit des Inkrafttretens dieses Gesetzes bestehenden Krankenversicherungsverhältnisse finden Änderungen der Tarife (Prämie und Tarifbestimmungen) nach Maßgabe dieses Gesetzes Anwendung, wenn der Versicherer dem Versicherungsnehmer die Tarifänderung unter Kenntlichmachung der Unterschiede des alten und neuen Tarifs spätestens einen Monat vor Inkrafttreten mitteilt und ihn schriftlich über sein Kündigungsrecht belehrt.

(2) Ist bei einem zur Zeit des Inkrafttretens dieses Gesetzes bestehenden Krankenversicherungsverhältnis eine Vereinbarung über eine Prämienanpassung nicht getroffen und das ordentliche Kündigungsrecht des Versicherers nicht ausgeschlossen, so gilt § 178i des Gesetzes über den Versicherungsvertrag mit der Maßgabe, daß dem Versicherer das Recht zusteht, die Prämie entsprechend den berichtigten Berechnungsgrundlagen neu festzusetzen, wenn ein unabhängiger Treuhänder die Berechnungsgrundlage überprüft und der Prämienanpassung zugestimmt hat.

§ 8. [1]Auf die zur Zeit des Inkrafttretens dieses Gesetzes bestehenden Kraftfahrzeug-Haftpflichtversicherungsverhältnisse finden Änderungen der Tarife (Prämie und Tarifbestimmungen) für die Kraftfahrzeug-Haftpflichtversicherung vom Beginn der nächsten Versicherungsperiode an Anwendung, wenn der Versicherer dem Versicherungsnehmer die Tarifänderung unter Kenntlichmachung der Unterschiede von alten und neuen Tarifs spätestens einen Monat vor Inkrafttreten mitteilt und ihn schriftlich über sein Kündigungsrecht belehrt. [2]Das gleiche gilt für Versicherungsverhältnisse, die bis zum 31. Dezember 1994 zu den von der Aufsichtsbehörde vor dem 29. Juli 1994 genehmigten Versicherungsbedingungen geschlossen werden.

§ 9. Die sich aus diesem Gesetz ergebenden Änderungen der Versicherungsverhältnisse sind in einem Nachtrag zum Versicherungsvertrag niederzulegen, der dem Versicherungsnehmer auszuhändigen ist.

§ 10. In der Kraftfahrzeug-Haftpflichtversicherung müssen Versicherungsverträge für Fahrzeuge mit regelmäßigem Standort im Inland, die vor dem 1. Juli 1994 abgeschlossen werden,

den von der Aufsichtsbehörde genehmigten allgemeinen Versicherungsbedingungen entsprechen.

§ 11. Auf Versicherungsverträge, die bis zum 31. Dezember 1994 zu von der Aufsichtsbehörde genehmigten Versicherungsbedingungen geschlossen werden, findet § 5a des Gesetzes über den Versicherungsvertrag keine Anwendung.

2. Einführungsgesetz zu dem Gesetz über den Versicherungsvertrag

Vom 30. Mai 1908 (RGBl. S. 305)

Geändert durch Verordnung vom 19. Dezember 1939 (RGBl. I S. 2443), Gesetz vom 28. Juni 1990 (BGBl. I S. 1249) und Gesetz vom 21. Juli 1994 (BGBl. I S. 1630)

BGBl. III 7632–2

Erstes Kapitel.[1] Inkrafttreten, Übergangsvorschriften

Art. 1 [Inkrafttreten] Das Gesetz über den Versicherungsvertrag tritt *an einem durch Kaiserliche Verordnung[2] mit Zustimmung des Bundesrats festzusetzenden Tage,* spätestens am 1. Januar 1910, in Kraft.

Art. 2[3] *(aufgehoben)*

Art. 3 [Geltungsbeginn für Verträge vor Inkrafttreten]

Wird ein zur Zeit des Inkrafttretens des Gesetzes über den Versicherungsvertrag bestehendes Versicherungsverhältnis nicht nach dem Inkrafttreten für den ersten Termin gekündigt, für den beide Teile nach den bisherigen Gesetzen zur Kündigung berechtigt sind, so finden von diesem Termin an die Vorschriften des Gesetzes über den Versicherungsvertrag Anwendung.

Art. 4 [Anwendbarkeit auf Verträge vor Inkrafttreten]

Auf ein zur Zeit des Inkrafttretens des Gesetzes über den Versicherungsvertrag bestehendes Versicherungsverhältnis finden von dieser Zeit an die folgenden Vorschriften des Gesetzes Anwendung:

1. die Vorschriften des § 3 Abs. 2 bis 4 und des § 4 Abs. 2 über den Versicherungsschein und über das Recht des Versiche-

---

[1] Bisheriger Gesetzestext wurde Kap. 1; Überschrift eingef. durch G v. 28. 6. 1990 (BGBl. I S. 1249).
[2] Nicht ergangen.
[3] Art. 2 aufgeh. durch VO v. 19. 12. 1939 (RGBl. I S. 2443).

rungsnehmers, Abschriften der von ihm abgegebenen Erklärungen zu verlangen;

2. die Vorschriften des § 11 und des § 12 Abs. 2 über die Fälligkeit der Leistungen des Versicherers und die Verwirkung eines nicht rechtzeitig geltend gemachten Anspruchs sowie die Vorschrift des § 12 Abs. 3, soweit sie sich auf die Verwirkung des Anspruchs bezieht;

3. die Vorschriften des § 13 über den Konkurs des Versicherers;

4. die Vorschriften der §§ 39, 91 über die nicht rechtzeitige Zahlung einer nach dem Beginne der Versicherung zu entrichtenden Prämie sowie die Vorschriften der §§ 40, 42, 189, soweit sie sich auf die nicht rechtzeitige Zahlung einer solchen Prämie beziehen;

5. die Vorschriften über die Befugnisse der Versicherungsagenten;

6. die Vorschriften der §§ 64, 184 über die Mitwirkung von Sachverständigen bei der Feststellung der Leistung des Versicherers;

7. die Vorschriften des § 94 Abs. 2, 3 und des § 124 über die Verpflichtung des Versicherers zu einer Abschlagszahlung;

8. die für Hypotheken und andere Rechte an Grundstücken geltenden Vorschriften der §§ 99 bis 107;

9. die Vorschriften des § 183 über die Verpflichtung des Versicherungsnehmers, für die Abwendung und Minderung der Folgen des Unfalls zu sorgen.

Art. 5 [Grundpfandrechte] Die Rechte, welche einem Hypothekengläubiger oder einem anderen, für den ein Recht an einem Grundstücke begründet ist, gegenüber dem Versicherer zustehen, bestimmen sich, bis das Grundbuch für das belastete Grundstück als angelegt anzusehen ist, nach den bisherigen Gesetzen.

Art. 6 [Verjährung] (1) [1]Die Vorschriften des Gesetzes über den Versicherungsvertrag, welche die Verjährung der Ansprüche aus dem Vertrage betreffen, finden auf die vor dem Inkrafttreten des Gesetzes entstandenen, noch nicht verjährten Ansprüche Anwendung. [2]Der Beginn sowie die Hemmung und die Unterbrechung der Verjährung bestimmen sich jedoch für die Zeit vor dem Inkrafttreten nach den bisherigen Gesetzen.

(2) ¹Ist die Verjährungsfrist nach dem Gesetz über den Versicherungsvertrag kürzer als nach den bisherigen Gesetzen, so wird die kürzere Frist von dem Inkrafttreten des Gesetzes über den Versicherungsvertrag an berechnet. ²Läuft jedoch die in den bisherigen Gesetzen bestimmte längere Frist früher als die in dem Gesetz über den Versicherungsvertrag bestimmte kürzere Frist ab, so ist die Verjährung mit dem Ablaufe der längeren Frist vollendet.

Zweites Kapitel.¹⁾ Europäisches Internationales Versicherungsvertragsrecht

Art. 7 Anwendungsbereich.¹⁾·²⁾ (1) Auf Versicherungsverträge mit Ausnahme der Rückversicherung sind, wenn sie in einem Mitgliedstaat der Europäischen Gemeinschaft oder in einem anderen Vertragsstaat des Abkommens über den Europäischen Wirtschaftsraum belegene Risiken decken, die folgenden Vorschriften mit der Maßgabe anzuwenden, daß Vertragsstaaten des Europäischen Wirtschaftsraumes wie Mitgliedstaaten der Europäischen Gemeinschaft zu behandeln sind.

(2) Mitgliedstaat, in dem das Risiko belegen ist, ist
1. bei der Versicherung von Risiken mit Bezug auf unbewegliche Sachen, insbesondere Bauwerke und Anlagen, und den darin befindlichen, durch den gleichen Vertrag gedeckten Sachen der Mitgliedstaat, in dem diese Gegenstände belegen sind,
2. bei der Versicherung von Risiken mit Bezug auf Fahrzeuge aller Art, die in einem Mitgliedstaat in ein amtliches oder amtlich anerkanntes Register einzutragen sind und ein Unterscheidungskennzeichen erhalten, dieser Mitgliedstaat,
3. bei der Versicherung von Reise- und Ferienrisiken in Versicherungsverträgen über eine Laufzeit von höchstens vier Monaten der Mitgliedstaat, in dem der Versicherungsnehmer die zum Abschluß des Vertrages erforderlichen Rechtshandlungen vorgenommen hat,
4. in allen anderen Fällen,

---

¹⁾ Zweites Kapitel (Art. 7–14) angef. durch G v. 28. 6. 1990 (BGBl. I S. 1249).
²⁾ Art. 7 Abs. 1 neugef. durch G v. 21. 7. 1994 (BGBl. I S. 1630).

a) wenn der Versicherungsnehmer eine natürliche Person ist, der Mitgliedstaat, in dem er seinen gewöhnlichen Aufenthalt hat,

b) wenn der Versicherungsnehmer keine natürliche Person ist, der Mitgliedstaat, in dem sich das Unternehmen, die Betriebsstätte oder die entsprechende Einrichtung befindet, auf die sich der Vertrag bezieht.

Art. 8 Gesetzliche Anknüpfung.[1] Hat der Versicherungsnehmer bei Schließung des Vertrages seinen gewöhnlichen Aufenthalt oder seine Hauptverwaltung im Gebiet des Mitgliedstaats, in dem das Risiko belegen ist, so ist das Recht dieses Staates anzuwenden.

Art. 9 Wählbare Rechtsordnungen.[2] (1) Hat der Versicherungsnehmer seinen gewöhnlichen Aufenthalt oder seine Hauptverwaltung nicht in dem Mitgliedstaat, in dem das Risiko belegen ist, können die Parteien des Versicherungsvertrags für den Vertrag das Recht des Mitgliedstaats, in dem das Risiko belegen ist, oder das Recht des Staates, in dem der Versicherungsnehmer seinen gewöhnlichen Aufenthalt oder seine Hauptverwaltung hat, wählen.

(2) Übt der Versicherungsnehmer eine gewerbliche, bergbauliche oder freiberufliche Tätigkeit aus und deckt der Vertrag zwei oder mehrere in verschiedenen Mitgliedstaaten belegene Risiken in Verbindung mit dieser Tätigkeit, so können die Parteien des Versicherungsvertrags das Recht jedes dieser Mitgliedstaaten oder das Recht des Staates, in dem der Versicherungsnehmer seinen gewöhnlichen Aufenthalt oder seine Hauptverwaltung hat, wählen.

(3) Beschränken sich die durch den Vertrag gedeckten Risiken auf Schadensfälle, die in einem anderen Mitgliedstaat als demjenigen, in dem das Risiko belegen ist, eintreten können, können die Parteien das Recht des anderen Staates wählen.

(4) Schließt ein Versicherungsnehmer mit gewöhlichem Aufenthalt oder mit Hauptverwaltung im Geltungsbereich dieses Gesetzes einen Versicherungsvertrag mit einem Versicherungs-

---

[1] Art. 8 geänd. durch G v. 21. 7. 1994 (BGBl. I S. 1630).
[2] Art. 9 Abs. 5 angef. durch G v. 21. 7. 1994 (BGBl. I S. 1630).

unternehmen, das im Geltungsbereich dieses Gesetzes weder selbst noch durch Mittelspersonen das Versicherungsgeschäft betreibt, so können die Parteien für den Vertrag jedes beliebige Recht wählen.

(5) Hat ein Versicherungsnehmer die Staatsangehörigkeit eines anderen Mitgliedstaates als desjenigen, in dem er bei Schließung des Vertrages seinen gewöhnlichen Aufenthalt hat, so können die Parteien bei der Lebensversicherung auch das Recht des Mitgliedstaates wählen, dessen Staatsangehörigkeit der Versicherungsnehmer besitzt.

Art. 10 Erweiterungen der Rechtswahl.[1] (1) [1]Für einen Versicherungsvertrag über ein Großrisiko können die Parteien, wenn der Versicherungsnehmer seinen gewöhnlichen Aufenthalt oder seine Hauptverwaltung im Geltungsbereich dieses Gesetzes hat und das Risiko hier belegen ist, das Recht eines anderen Staates wählen. [2]Ein Versicherungsvertrag über ein Großrisiko im Sinne dieser Bestimmung liegt vor, wenn sich der Versicherungsvertrag bezieht

1. auf Risiken der unter den Nummern 4 bis 7, 10 Buchstabe b, 11 und 12 der Anlage Teil A zum Versicherungsaufsichtsgesetz erfaßten Transport- und Haftpflichtversicherungen,

2. auf Risiken der unter den Nummern 14 und 15 der Anlage Teil A zum Versicherungsaufsichtsgesetz erfaßten Kredit- und Kautionsversicherungen bei Versicherungsnehmern, die eine gewerbliche, bergbauliche oder freiberufliche Tätigkeit ausüben, wenn die Risiken damit in Zusammenhang stehen, oder

3. auf Risiken der unter den Nummern 3, 8, 9, 10, 13 und 16 der Anlage A zum Versicherungsaufsichtsgesetz erfaßten Sach-, Haftpflicht- und sonstigen Schadensversicherungen bei Versicherungsnehmern, die mindestens zwei der folgenden drei Merkmale überschreiten:

   a) sechs Millionen zweihunderttausend ECU Bilanzsumme,

   b) zwölf Millionen achthunderttausend ECU Nettoumsatzerlöse,

   c) im Durchschnitt des Wirtschaftsjahres 250 Arbeitnehmer.

[3]Gehört der Versicherungsnehmer zu einem Konzern, der nach

---

[1] Art. 10 Abs. 1 Satz 2 Nr. 3 Satz 3 und 4 geänd. durch G v. 21. 7. 1994 (BGBl. I S. 1630).

§ 290 des Handelsgesetzbuches, nach § 11 des Gesetzes über die Rechnungslegung von bestimmten Unternehmen und Konzernen vom 15. August 1969 (BGBl. I S. 1189), das zuletzt geändert worden ist durch Artikel 21 § 5 Abs. 4 des Gesetzes vom 25. Juli 1988 (BGBl. I S. 1093), oder nach dem mit den Anforderungen der Richtlinie 83/349/EWG des Rates vom 13. Juni 1983 über den konsolidierten Abschluß (ABl. EG Nr. L 193 S. 1) übereinstimmenden Recht eines anderen Mitgliedstaats der Europäischen Gemeinschaft oder eines anderen Vertragsstaats des Abkommens über den Europäischen Wirtschaftsraum einen Konzernabschluß aufzustellen hat, so sind für die Feststellung der Unternehmensgröße die Zahlen des Konzernabschlusses maßgebend. [4]Als Gegenwert der ECU in den Währungen der Mitgliedstaaten der Europäischen Gemeinschaft gilt ab 31. Dezember jedes Jahres der Gegenwert des letzten Tages des vorangegangenen Monats Oktober, für den der Gegenwert der ECU in allen Gemeinschaftswährungen vorliegt.

(2) Schließt ein Versicherungsnehmer in Verbindung mit einer von ihm ausgeübten gewerblichen, bergbaulichen oder freiberuflichen Tätigkeit einen Versicherungsvertrag, der Risiken deckt, die sowohl in einem oder mehreren Mitgliedstaaten als auch in einem anderen Staat belegen sind, können die Parteien das Recht jedes dieser Staaten wählen.

(3) Läßt das nach Artikel 8 anzuwendende Recht die Wahl des Rechts eines anderen Staates oder lassen die nach Artikel 9 Abs. 1 und 2 wählbaren Rechte eine weitergehende Rechtswahl zu, können die Parteien davon Gebrauch machen.

Art. 11 Mangels Rechtswahl anzuwendendes Recht.

(1) [1]Soweit das anzuwendende Recht nicht vereinbart worden ist, unterliegt der Vertrag unter den Rechten, die nach den Artikeln 9 und 10 gewählt werden können, demjenigen des Staates, mit dem er die engsten Verbindungen aufweist. [2]Auf einen selbständigen Vertragsteil, der eine engere Verbindung mit einem anderen Staat aufweist, dessen Recht gewählt werden kann, kann ausnahmsweise das Recht dieses Staates angewandt werden.

(2) Es wird vermutet, daß der Vertrag die engsten Verbindungen mit dem Mitgliedstaat aufweist, in dem das Risiko belegen ist.

Art. 12 Pflichtversicherung. (1) Ein Versicherungsvertrag, für den ein Mitgliedstaat eine Versicherungspflicht vorschreibt, unterliegt dem Recht dieses Staates, sofern dieser dessen Anwendung vorschreibt.

(2) [1] Ein über eine Pflichtversicherung abgeschlossener Vertrag unterliegt deutschem Recht, wenn die gesetzliche Verpflichtung zu seinem Abschluß auf deutschem Recht beruht. [2] Dies gilt nicht, wenn durch Gesetz oder auf Grund eines Gesetzes etwas anderes bestimmt ist.

(3) Stellt der Versicherungsvertrag die Deckung für Risiken sicher, die in mehreren Mitgliedstaaten belegen sind, von denen mindestens einer eine Versicherungspflicht vorschreibt, so ist der Vertrag so zu behandeln, als bestünde er aus mehreren Verträgen, von denen sich jeder auf jeweils einen Mitgliedstaat bezieht.

Art. 13[1] [Krankenversicherung]
(1) Ein über eine Krankenversicherung abgeschlossener Vertrag, der ganz oder teilweise den im gesetzlichen Sozialversicherungssystem vorgesehenen Kranken- oder Pflegeversicherungsschutz ersetzen kann, unterliegt deutschem Recht, wenn die versicherte Person ihren gewöhnlichen Aufenthalt in Deutschland hat.

(2) Gewährt ein Krankenversicherungsvertrag Versicherungsschutz für mehrere Personen, von denen einzelne ihren gewöhnlichen Aufenthalt in Deutschland haben, so unterliegt der Vertrag bezüglich dieser Personen deutschem Recht.

Art. 14[1] Prozeßstandschaft bei Versicherermehrzahl.
Ist ein Versicherungsvertrag mit den bei Lloyd's vereinigten Einzelversicherern nicht über eine Niederlassung im Geltungsbereich dieses Gesetzes abgeschlossen worden und ist ein inländischer Gerichtsstand gegeben, so können Ansprüche daraus gegen den bevollmächtigten Unterzeichner des im Versicherungsschein an erster Stelle aufgeführten Syndikats oder einen von diesem benannten Versicherer geltend gemacht werden; ein darüber erzielter Titel wirkt für und gegen alle an dem Versicherungsvertrag beteiligten Versicherer.

---

[1] Art. 13 neugef., bish. Art. 13 wird Art. 14 durch G v. 21. 7. 1994 (BGBl. I S. 1630).

Art. 15[1] **Verweisung auf das EGBGB.** Die Vorschriften der Artikel 27 bis 36 des Einführungsgesetzes zum Bürgerlichen Gesetzbuch sind im übrigen entsprechend anzuwenden.

---

[1] Bish. Art. 14 wird Art 15 durch G v. 21. 7. 1994 (BGBl. I S.1630).

3. Gesetz über die Pflichtversicherung für Kraftfahrzeughalter★ (Pflichtversicherungsgesetz)[1)·2)·3)]

In der Fassung vom 5. April 1965 (BGBl. I S. 213)

Geändert durch EGOWiG vom 24. Mai 1968 (BGBl. I S. 503), VO zur Änderung der Mindesthöhe der Versicherungssummen vom 23. Juli 1971 (BGBl. I S. 1109), m. W. ab 1. Januar 1975 durch Art. 269 EinfG zum StGB vom 2. März 1974 (BGBl. I S. 469), ZuständigkeitsanpassungsG vom 18. März 1975 (BGBl. I S. 705), 1. DurchführungsG/EWG zum VAG vom 18. Dezember 1975 (BGBl. I S. 3139), § 9 Ges. über die Entschädigung für Opfer von Gewalttaten vom 11. Mai 1976 (BGBl. I S. 1181), 2. VO zur Änderung der Mindesthöhe der Versicherungssummen vom 22. April 1981 (BGBl. I S. 394), Art. 2 Abs. 2 des 14. VAG-ÄndG vom 29. März 1983 (BGBl. I S. 377), durch 1. Ges. zur Änderung des PflichtversicherungsG vom 22. März 1988 (BGBl. I S. 358), Eisenbahnneuordnungsgesetz vom 27. Dezember 1993 (BGBl. I S. 2378) und Gesetz vom 21. Juli 1994 (BGBl. I S. 1630) mit Anwendungsmaßgaben gemäß Anl. I Kap. III Sachgeb. D Abschn. III Nr. 8 Einigungsvertrag vom 31. August 1990 (BGBl. II S. 885, 960)★

BGBl. III 925–1

Gesetzesübersicht

★ Zur Anwendung des Gesetzes für das Gebiet der ehem. DDR siehe Anhang im Anschluß an dieses Gesetz.

[1)] Neufassung des Gesetzes über die Einführung der Pflichtversicherung für Kraftfahrzeughalter und zur Änderung des Gesetzes über den Verkehr mit Kraftfahrzeugen sowie des Gesetzes über den Versicherungsvertrag vom 7. 11. 1939 (RGBl. I S. 2223) durch Art. 1 Gesetz zur Änderung von Vorschriften über die Pflichtversicherung für Kraftfahrzeughalter v. 5. 4. 1965 (BGBl. I S. 213) unter der neuen Bezeichnung ,,Gesetz über die Pflichtversicherung für Kraftfahrzeughalter (Pflichtversicherungsgesetz)''.

[2)] Siehe auch das G über die Haftpflichtversicherung für ausländische Kraftfahrzeuge und Kraftfahrzeuganhänger v. 24. 7. 1956 (BGBl. I S. 667) mit allen Änderungen (vgl. Fundstellennachweis A Nr. 925–2); siehe ferner die §§ 29 a ff. StVZO **(Schönfelder Nr. 35 b)**.

[3)] Zum Übergangsrecht siehe Nr. **1a**.

Erster Abschnitt. Pflichtversicherung

§ 1 [Versicherungspflicht] Der Halter eines Kraftfahrzeugs oder Anhängers mit regelmäßigem Standort im Inland ist verpflichtet, für sich, den Eigentümer und den Fahrer eine Haftpflichtversicherung zur Deckung der durch den Gebrauch des Fahrzeugs verursachten Personenschäden, Sachschäden und sonstigen Vermögensschäden nach den folgenden Vorschriften abzuschließen und aufrechtzuerhalten, wenn das Fahrzeug auf öffentlichen Wegen oder Plätzen (§ 1 des Straßenverkehrsgesetzes) verwendet wird.

§ 2[1) [Befreite Fahrzeughalter; Gleichstellung mit Versicherern] (1) § 1 gilt nicht für
1. die Bundesrepublik Deutschland,
2. die Länder,
3. die Gemeinden mit mehr als einhunderttausend Einwohnern,
4. die Gemeindeverbände sowie Zweckverbände, denen ausschließlich Körperschaften des öffentlichen Rechts angehören,
5. juristische Personen, die von einem nach § 1 Abs. 3 Nr. 3 des Versicherungsaufsichtsgesetzes von der Versicherungsaufsicht freigestellten Haftpflichtschadenausgleich Deckung erhalten,
6. Halter von
   a) Kraftfahrzeugen, deren durch die Bauart bestimmte Höchstgeschwindigkeit sechs Kilometer je Stunde nicht übersteigt,
   b) selbstfahrenden Arbeitsmaschinen (§ 18 Abs. 2 Nr. 1 der Straßenverkehrs-Zulassungs-Ordnung), deren Höchstgeschwindigkeit zwanzig Kilometer je Stunde nicht übersteigt, wenn sie den Vorschriften über das Zulassungsverfahren nicht unterliegen,
   c) Anhängern, die den Vorschriften über das Zulassungsverfahren nicht unterliegen.

(2) [1]Die nach Absatz 1 Nrn. 1 bis 5 von der Versicherungspflicht befreiten Fahrzeughalter haben, sofern nicht auf Grund

---

[1] § 2 Abs. 1 Nr. 5 neugef. durch G v. 18. 12. 1975 (BGBl. I S. 3139) und geänd. durch G v. 29. 3. 1983 (BGBl. I S. 377).

einer von ihnen abgeschlossenen und den Vorschriften dieses Gesetzes entsprechenden Versicherung Haftpflichtversicherungsschutz gewährt wird, bei Schäden der in § 1 bezeichneten Art für den Fahrer und die übrigen Personen, die durch eine auf Grund dieses Gesetzes abgeschlossene Haftpflichtversicherung Deckung erhalten würden, in gleicher Weise und in gleichem Umfange einzutreten wie ein Versicherer bei Bestehen einer solchen Haftpflichtversicherung. [2] Die Verpflichtung beschränkt sich auf den Betrag der festgesetzten Mindestversicherungssummen. [3] Die Vorschriften des Sechsten Titels des Zweiten Abschnitts des Gesetzes über den Versicherungsvertrag[1] und des § 3 sowie *die von der Aufsichtsbehörde genehmigten Allgemeinen Bedingungen für die Kraftverkehrsversicherung*[2] sind sinngemäß anzuwenden. [4] Erfüllt der Fahrzeughalter Verpflichtungen nach Satz 1, so kann er in sinngemäßer Anwendung des § 3 Nrn. 9 bis 11 Ersatz der aufgewendeten Beträge verlangen, wenn bei Bestehen einer Versicherung der Versicherer gegenüber dem Fahrer oder der sonstigen mitversicherten Person leistungsfrei gewesen wäre; im übrigen ist der Rückgriff des Halters gegenüber diesen Personen ausgeschlossen.

§ 3[3] **[Direktanspruch des Geschädigten gegen Versicherer]** Für die Haftpflichtversicherung nach § 1 gelten an Stelle der §§ 158c bis 158f des Gesetzes über den Versicherungsvertrag die folgenden besonderen Vorschriften:

1. Der Dritte kann im Rahmen der Leistungspflicht des Versicherers aus dem Versicherungsverhältnis und, soweit eine Leistungspflicht nicht besteht, im Rahmen der Nummern 4 bis 6 seinen Anspruch auf Ersatz des Schadens auch gegen den Versicherer geltend machen. Der Versicherer hat den Schadensersatz in Geld zu leisten.

2. Soweit der Dritte nach Nummer 1 seinen Anspruch auf Ersatz des Schadens auch gegen den Versicherer geltend machen kann, haften der Versicherer und der ersatzpflichtige Versicherungsnehmer als Gesamtschuldner.

---

[1] Siehe Nr. **1**.
[2] Ab 4. 8. 1994 siehe KfzPflVV (Nr. **4**).
[3] § 3 Nr. 5 geänd. und Nr. 6 Satz 1 neugef. durch G v. 22. 3. 1988 (BGBl. I S. 358).

3. Der Anspruch des Dritten nach Nummer 1 unterliegt der gleichen Verjährung wie der Schadensersatzanspruch gegen den ersatzpflichtigen Versicherungsnehmer. Die Verjährung beginnt mit dem Zeitpunkt, mit dem die Verjährung des Schadensersatzanspruchs gegen den ersatzpflichtigen Versicherungsnehmer beginnt; sie endet jedoch spätestens in zehn Jahren von dem Schadensereignis an. Ist der Anspruch des Dritten bei dem Versicherer angemeldet worden, so ist die Verjährung bis zum Eingang der schriftlichen Entscheidung des Versicherers gehemmt. Die Hemmung oder Unterbrechung der Verjährung des Anspruchs gegen den Versicherer bewirkt auch die Hemmung oder Unterbrechung der Verjährung des Anspruchs gegen den ersatzpflichtigen Versicherungsnehmer und umgekehrt.

4. Dem Anspruch des Dritten nach Nummer 1 kann nicht entgegengehalten werden, daß der Versicherer dem ersatzpflichtigen Versicherungsnehmer gegenüber von der Verpflichtung zur Leistung ganz oder teilweise frei ist.

5. Ein Umstand, der das Nichtbestehen oder die Beendigung des Versicherungsverhältnisses zur Folge hat, kann vorbehaltlich des Satzes 4 dem Anspruch des Dritten nach Nummer 1 nur entgegengehalten werden, wenn das Schadensereignis später als einen Monat nach dem Zeitpunkt eingetreten ist, in dem der Versicherer diesen Umstand der hierfür zuständigen Stelle angezeigt hat. Das gleiche gilt, wenn das Versicherungsverhältnis durch Zeitablauf endigt. Der Lauf der Frist beginnt nicht vor der Beendigung des Versicherungsverhältnisses. Ein in den Sätzen 1 und 2 bezeichneter Umstand kann dem Anspruch des Dritten auch dann entgegengehalten werden, wenn vor dem Zeitpunkt des Schadensereignisses der hierfür zuständigen Stelle die Bestätigung einer entsprechend § 1 für das Fahrzeug abgeschlossenen neuen Versicherung zugegangen ist.

6. In den Fällen der Nummern 4 und 5 gilt § 158c Abs. 3 bis 5 des Gesetzes über den Versicherungsvertrag sinngemäß; soweit jedoch die Leistungsfreiheit des Versicherers in dem Fall der Nummer 4 darauf beruht, daß das Fahrzeug den Bau- und Betriebsvorschriften der Straßenverkehrs-Zulassungs-Ordnung nicht entsprach oder von einem unberechtigten Fahrer oder von einem Fahrer ohne die vorgeschriebene Fahrerlaubnis geführt wurde, kann der Versicherer den

Dritten nicht auf die Möglichkeit verweisen, Ersatz seines Schadens von einem anderen Schadensversicherer oder von einem Sozialversicherungsträger zu erlangen. Die Leistungspflicht des Versicherers entfällt auch dann, wenn und soweit der Dritte in der Lage ist, von einem nach § 2 Abs. 1 Nrn. 1 bis 5 von der Versicherungspflicht befreiten Fahrzeughalter Ersatz seines Schadens zu erlangen.

7. Der Dritte hat ein Schadensereignis, aus dem er einen Anspruch gegen den Versicherer nach Nummer 1 herleiten will, dem Versicherer innerhalb von zwei Wochen nach dem Schadensereignis schriftlich anzuzeigen; durch die Absendung der Anzeige wird die Frist gewahrt. Der Dritte hat die Verflichtungen nach § 158d Abs. 3 des Gesetzes über den Versicherungsvertrag zu erfüllen; verletzt er schuldhaft diese Verpflichtungen, so gilt § 158e Abs. 1 des Gesetzes über den Versicherungsvertrag sinngemäß. § 158e Abs. 2 des Gesetzes über den Versicherungsvertrag findet auf den Anspruch gegen den Versicherer nach Nummer 1 entsprechende Anwendung.

8. Soweit durch rechtskräftiges Urteil festgestellt wird, daß dem Dritten ein Anspruch auf Ersatz des Schadens nicht zusteht, wirkt das Urteil, wenn es zwischen dem Dritten und dem Versicherer ergeht, auch zugunsten des Versicherungsnehmers, wenn es zwischen dem Dritten und dem Versicherungsnehmer ergeht, auch zugunsten des Versicherers.

9. Im Verhältnis der Gesamtschuldner (Nummer 2) zueinander ist der Versicherer allein verpflichtet, soweit er dem Versicherungsnehmer gegenüber aus dem Versicherungsverhältnis zur Leistung verpflichtet ist. Soweit eine solche Verpflichtung des Versicherers nicht besteht, ist in ihrem Verhältnis zueinander der Versicherungsnehmer allein verpflichtet.

10. Ist der Anspruch des Dritten gegenüber dem Versicherer durch rechtskräftiges Urteil, durch Anerkenntnis oder Vergleich festgestellt worden, so muß der Versicherungsnehmer, gegen den von dem Versicherer Ansprüche auf Grund von Nummer 9 Satz 2 erhoben werden, diese Feststellung gegen sich gelten lassen, sofern der Versicherungsnehmer nicht nachweist, daß der Versicherer die Pflicht zur Abwehr unbegründeter Entschädigungsansprüche sowie zur Minde-

rung oder zur sachgemäßen Feststellung des Schadens schuldhaft verletzt hat. Der Versicherer kann Ersatz der Aufwendungen verlangen, die er den Umständen nach für erforderlich halten durfte.

11. Die sich aus Nummer 9 und Nummer 10 Satz 2 ergebenden Ansprüche verjähren in zwei Jahren. Die Verjährung beginnt mit dem Schluß des Jahres, in dem der Anspruch des Dritten erfüllt wird.

§ 4[1] [Umfang des VersSchutzes; Mindestversicherungssumme] (1) [1]Um einen dem Zweck dieses Gesetzes gerecht werdenden Schutz sicherzustellen, bestimmt das Bundesministerium der Justiz unter Beachtung gemeinschaftsrechtlicher Verpflichtungen sowie des Europäischen Übereinkommens vom 20. April 1959 über die obligatorische Haftpflichtversicherung für Kraftfahrzeuge (BGBl. 1965 II S. 281) im Einvernehmen mit dem Bundesministerium der Finanzen und dem Bundesministerium für Verkehr durch Rechtsverordnung[2] ohne Zustimmung des Bundesrates den Umfang des notwendigen Versicherungsschutzes, den der Versicherungsvertrag zu gewähren hat. [2]Das gilt auch für den Fall, daß durch Gesetz oder gemeinschaftsrechtliche Verpflichtung eine Versicherungspflicht zur Deckung der beim Transport gefährlicher Güter durch Kraftfahrzeuge verursachten Schäden begründet wird

(2) [1]Die Mindesthöhe der Versicherungssumme ergibt sich aus der Anlage.[3] [2]Der Bundesminister der Justiz wird ermächtigt, im Einvernehmen mit dem Bundesminister für Verkehr und dem Bundesminister für Wirtschaft durch Rechtsverordnung ohne Zustimmung des Bundesrates die in der Anlage getroffene Regelung zu ändern, wenn dies erforderlich ist, um bei einer Änderung der wirtschaftlichen Verhältnisse oder der verkehrstechnischen Umstände einen hinreichenden Schutz der Geschädigten sicherzustellen. [3]Ergeben sich auf Grund der Platzzahl des Personenfahrzeugs, auf das sich die Versicherung bezieht, erhöhte Mindestversicherungssummen, so haftet der Versicherer in den Fällen des § 3 Nrn. 4 und 5 für den einer einzelnen Person zugefügten Schaden nur im Rahmen der nicht erhöhten Mindestversicherungssummen.

---

[1] § 4 Abs. 1 Satz 5 geänd. durch G v. 18. 3. 1975 (BGBl. I S. 705), Abs. 1 neugef. durch G v. 21. 7. 1994 (BGBl. I S. 1630).
[2] Siehe Nr. **4**.
[3] Die Anlage ist im Anschluß an das Gesetz abgedruckt.

§ 5[1] **[Zugelassene VersUnternehmen; Kontrahierungszwang; Ende des VersVerhältnisses; VersSchein]** (1) Die Versicherung kann nur bei einem im Inland zum Betrieb der Kraftfahrzeug-Haftpflichtversicherung befugten Versicherungsunternehmen genommen werden.

(2) Die im Inland zum Betrieb der Kraftfahrzeug-Haftpflichtversicherung befugten Versicherungsunternehmen sind verpflichtet, den in § 1 genannten Personen nach den gesetzlichen Vorschriften Versicherung gegen Haftpflicht zu gewähren.

(3) [1]Der Antrag auf Abschluß eines Haftpflichtversicherungsvertrages für Zweiräder, Personen- und Kombinationskraftwagen bis zu 1 t Nutzlast gilt zu den für den Geschäftsbetrieb des Versicherungsunternehmens maßgebenden Grundsätzen und zum allgemeinen Unternehmenstarif als angenommen, wenn der Versicherer ihn nicht innerhalb einer Frist von zwei Wochen vom Eingang des Antrags an schriftlich abgelehnt[2] oder wegen einer nachweisbaren höheren Gefahr ein vom allgemeinen Unternehmenstarif abweichendes schriftliches Angebot unterbreitet. [2]Durch die Absendung der Ablehnungserklärung oder des Angebots wird die Frist gewahrt. [3]Satz 1 gilt nicht für die Versicherung von Taxen, Personenmietwagen und Selbstfahrervermietfahrzeugen.

(4) Der Antrag darf nur abgelehnt werden, wenn sachliche oder örtliche Beschränkungen im Geschäftsplan des Versicherungsunternehmens dem Abschluß des Vertrags entgegenstehen oder wenn der Antragsteller bereits bei dem Versicherungsunternehmen versichert war und das Versicherungsunternehmen

1. den Versicherungsvertrag wegen Drohung oder arglistiger Täuschung angefochten hat,
2. vom Versicherungsvertrag wegen Verletzung der vorvertraglichen Anzeigepflicht oder wegen Nichtzahlung der ersten Prämie zurückgetreten ist oder
3. den Versicherungsvertrag wegen Prämienverzugs oder nach Eintritt eines Versicherungsfalls gekündigt hat.

(5) [1]Das Versicherungsverhältnis endet spätestens,
1. wenn es am ersten Tag eines Monats begonnen hat, ein Jahr nach diesem Zeitpunkt,

---

[1] § 5 neugef. durch G v. 21. 7. 1994 (BGBl. I S. 1630).
[2] Wohl richtig: „ablehnt".

2. wenn es zu einem anderen Zeitpunkt begonnen hat, an dem nach Ablauf eines Jahres folgenden Monatsersten.
[2]Es verlängert sich um jeweils ein Jahr, wenn es nicht spätestens einen Monat vor Ablauf schriftlich gekündigt wird. [3]Gleiches gilt, wenn die Vertragslaufzeit nur deshalb weniger als ein Jahr beträgt, weil als Beginn der nächsten Versicherungsperiode ein vor Ablauf eines Jahres nach Versicherungsbeginn liegender Zeitpunkt vereinbart worden ist. [4]Ist in anderen Fällen eine kürzere Vertragslaufzeit als ein Jahr vereinbart, so bedarf es zur Beendigung des Versicherungsverhältnisses keiner Kündigung.

(6) [1]Das Versicherungsunternehmen hat dem Versicherungsnehmer bei Beginn des Versicherungsschutzes eine Versicherungsbestätigung auszuhändigen. [2]Die Aushändigung kann von der Zahlung der ersten Prämie abhängig gemacht werden.

(7) Das Versicherungsunternehmen hat dem Versicherungsnehmer bei Beendigung des Versicherungsverhältnisses eine Bescheinigung über dessen Dauer, die Anzahl und Daten während der Vertragslaufzeit gemeldeter Schäden, die zu einer Schadenzahlung oder noch wirksamen Schadenrückstellung geführt haben, auszustellen; ist die Rückstellung innerhalb einer Frist von drei Jahren nach ihrer Bildung aufgelöst worden, ohne daß daraus Leistungen erbracht wurden, so hat der Versicherer auch hierüber eine Bescheinigung zu erteilen.

(8) Ist die Versicherung mit einem Versicherungsunternehmen ohne Sitz im Inland im Dienstleistungsverkehr abgeschlossen, so haben der Versicherungsschein und die Versicherungsbestätigung auch Angaben über den Namen und die Anschrift des gemäß § 8 Abs. 2 Satz 1 bestellten Vertreters zu enthalten.

§ 6[1] [Strafe für Verletzung der Versicherungspflicht]

(1) Wer ein Fahrzeug auf öffentlichen Wegen oder Plätzen gebraucht oder den Gebrauch gestattet, obwohl für das Fahrzeug der nach § 1 erforderliche Haftpflichtversicherungsvertrag nicht oder nicht mehr besteht, wird mit Freiheitsstrafe bis zu einem Jahr oder mit Geldstrafe bestraft.

(2) Handelt der Täter fahrlässig, so ist die Strafe Freiheitsstrafe bis zu sechs Monaten oder Geldstrafe bis zu einhundertachtzig Tagessätzen.

---

[1] § 6 zuletzt geänd. durch Art. 269 EGStGB v. 2. 3. 1974 (BGBl. I S. 469).

(3) Ist die Tat vorsätzlich begangen worden, so kann das Fahrzeug eingezogen werden, wenn es dem Täter oder Teilnehmer zur Zeit der Entscheidung gehört.

§ 7 [Durchführungsvorschriften] Der Bundesminister für Verkehr wird ermächtigt, zur Durchführung des Ersten Abschnitts dieses Gesetzes im Einvernehmen mit dem Bundesminister der Justiz und dem Bundesminister für Wirtschaft durch Rechtsverordnung mit Zustimmung des Bundesrates Vorschriften zu erlassen über

1. die Form des Versicherungsnachweises;
2. die Prüfung der Versicherungsnachweise durch die Zulassungsstellen;
3. die Erstattung der Anzeige nach § 29 c der Straßenverkehrs-Zulassungs-Ordnung;
4. Maßnahmen der Verkehrsbehörden, durch welche der Gebrauch nicht oder nicht ausreichend versicherter Fahrzeuge im Straßenverkehr verhindert werden soll.

Zweiter Abschnitt. Pflichten der Kraftfahrzeug-Haftpflichtversicherer und Statistik[1]

§ 8[1] [Empfänger der Leistungen und Beiträge; Vertreter]
(1) [1]Versicherungsunternehmen, die zum Betrieb der Kraftfahrzeug-Haftpflichtversicherung für Kraftfahrzeuge und Anhänger mit regelmäßigem Standort im Inland befugt sind, sind verpflichtet, die satzungsmäßigen Leistungen und Beiträge an das mit der Durchführung des Abkommens über die internationale Versicherungskarte beauftragte deutsche Versicherungsbüro sowie an den nach § 13 dieses Gesetzes errichteten Entschädigungsfonds oder an eine andere mit der Erfüllung dieser Aufgaben betraute juristische Person zu erbringen. [2]Sie teilen hierzu dem deutschen Versicherungsbüro und dem Entschädigungsfonds bezüglich der von ihnen in Deutschland nach diesem Gesetz getätigten Kraftfahrzeug-Haftpflichtversicherungen die gebuchten Prämienbeträge oder die Anzahl der versicherten Risiken mit.

---

[1] Zweiter Abschnitt (§§ 8 bis 11) neugef. durch G v. 21. 7. 1994 (BGBl. I S. 1630).

(2) [1]Versicherungsunternehmen, die im Dienstleistungsverkehr die Kraftfahrzeug-Haftpflichtversicherung für Kraftfahrzeuge und Anhänger mit regelmäßigem Standort im Inland betreiben, sind verpflichtet, einen im Inland ansässigen oder niedergelassenen Vertreter zu bestellen, der den Anforderungen nach § 13c des Versicherungsaufsichtsgesetzes zu genügen hat. [2]Ansprüche aus Kraftfahrzeug-Haftpflichtfällen gegen das Versicherungsunternehmen können auch gegen den nach Satz 1 bestellten Vertreter gerichtlich und außergerichtlich mit Wirkung für und gegen das Versicherungsunternehmen geltend gemacht werden. [3]Der nach Satz 1 bestellte Vertreter ist auch verpflichtet, Auskunft über das Bestehen oder die Gültigkeit von diesem Gesetz unterliegenden Haftpflichtversicherungsverträgen bei dem Versicherungsunternehmen zu erteilen.

§ 9[1] **[Statistik]** (1) [1]Es wird eine jährliche Gemeinschaftsstatistik über den Schadenverlauf in der Kraftfahrzeug-Haftpflichtversicherung geführt. [2]Sie muß Angaben enthalten über die Art und Anzahl der versicherten Risiken, die Anzahl der gemeldeten Schäden, die Erstattungsleistungen und Rückstellungen (Schadenaufwand), die Schadenhäufigkeit, den Schadendurchschnitt und den Schadenbedarf.

(2) Sofern die Träger der Kraftfahrzeug-Haftpflichtversicherung und ihre Verbände keine den Anforderungen des Absatzes 1 genügende Gemeinschaftsstatistik zur Verfügung stellen, wird die Statistik vom Bundesaufsichtsamt für das Versicherungswesen geführt.

(3) Die Ergebnisse der Statistik sind vom Bundesaufsichtsamt für das Versicherungswesen jährlich zu veröffentlichen.

§ 10[1] **[Daten für Statistik]** (1) Versicherungsunternehmen mit Sitz im Inland, die die Kraftfahrzeug-Haftpflichtversicherung nach diesem Gesetz betreiben, übermitteln der Aufsichtsbehörde die für die Führung der Statistik nach § 9 erforderlichen Daten.

(2) Soweit die Versicherungsunternehmen mit Sitz im Inland außerhalb des Geltungsbereichs dieses Gesetzes in einem Mit-

---

[1] Zweiter Abschnitt (§§ 8 bis 11) neugef. durch G v. 21. 7. 1994 (BGBl. I S.1630).

gliedstaat der Europäischen Gemeinschaft oder in einem anderen Vertragsstaat des Abkommens über den Europäischen Wirtschaftsraum die Kraftfahrzeug-Haftpflichtversicherung betreiben, sind der Aufsichtsbehörde die in § 9 Abs. 1 Satz 3 genannten Angaben für jeden Mitgliedstaat gesondert mitzuteilen.

§ 11[1) [Verordnung über Statistik] Das Bundesministerium der Finanzen wird ermächtigt, im Einvernehmen mit dem Bundesministerium der Justiz und dem Bundesministerium für Wirtschaft durch Rechtsverordnung Vorschriften zu erlassen über den Inhalt, die Form und die Gliederung der nach § 9 zu führenden Kraftfahrzeug-Haftpflichtversicherungsstatistik sowie über die Fristen, den Inhalt, die Form und die Stückzahl der von den Versicherungsunternehmen einzureichenden Mitteilungen.

Dritter Abschnitt. Entschädigungsfonds für Schäden aus Kraftfahrzeugunfällen[2)

§ 12[3) · 4) [Entschädigungsfonds] (1) [1]Wird durch den Gebrauch eines Kraftfahrzeugs oder eines Anhängers im Geltungsbereich dieses Gesetzes ein Personen- oder Sachschaden verursacht, so kann derjenige, dem wegen dieser Schäden Ersatzansprüche gegen den Halter, den Eigentümer oder den Fahrer des Fahrzeugs zustehen, diese Ersatzansprüche auch gegen den „Entschädigungsfonds für Schäden aus Kraftfahrzeugunfällen" (Entschädigungsfonds) geltend machen,
1. wenn das Fahrzeug, durch dessen Gebrauch der Schaden verursacht worden ist, nicht ermittelt werden kann,

---

[1)] Zweiter Abschnitt (§§ 8 bis 11) neugef. durch G v. 21. 7. 1994 (BGBl. I S.1630).
[2)] Siehe die VO über den Entschädigungsfonds v. 14. 12. 1965 (Nr. **5**).
[3)] § 12 neugef. durch G v. 11. 5. 1976 (BGBl. I S. 1181), Abs. 1 Satz 5 geänd. durch G v. 27. 12. 1993 (BGBl. I S. 2378), Abs. 1 Satz 1 Nrn. 2 und 3 geänd., Nr. 4 und Abs. 6 angef., Satz 2 neugef. durch G v. 21. 7. 1994 (BGBl. I S.1630).
[4)] * Siehe die Anwendungsmaßgabe für das Gebiet der ehem. DDR im Anschluß an dieses Gesetz.

2. wenn die auf Grund eines Gesetzes erforderliche Haftpflichtversicherung zugunsten des Halters, des Eigentümers und
   des Fahrers des Fahrzeugs nicht besteht,
3. wenn für den Schaden, der durch den Gebrauch des ermittelten oder nicht ermittelten Fahrzeugs verursacht worden ist,
   eine Haftpflichtversicherung deswegen keine Deckung gewährt oder gewähren würde, weil der Ersatzpflichtige den
   Eintritt der Tatsache, für die er dem Ersatzberechtigten verantwortlich ist, vorsätzlich und widerrechtlich herbeigeführt
   hat oder
4. wenn über das Vermögen des leistungspflichtigen Versicherers ein Insolvenzverfahren eröffnet worden ist.

[2]Das gilt nur, soweit der Ersatzberechtigte in den Fällen der
Nummern 1 bis 3 weder von dem Halter, dem Eigentümer
oder dem Fahrer des Fahrzeugs noch in allen Fällen nach Satz 1
von einem Schadensversicherer oder einem Verband von im
Inland zum Geschäftsbetrieb befugten Haftpflichtversicherern
Ersatz seines Schadens zu erlangen vermag. [3]Die Leistungspflicht des Entschädigungsfonds entfällt, soweit der Ersatzberechtigte in der Lage ist, Ersatz seines Schadens nach den Vorschriften über die Amtspflichtverletzung zu erlangen, oder soweit der Schaden durch Leistungen eines Sozialversicherungs-
trägers, durch Fortzahlung von Dienst- oder Amtsbezügen,
Vergütung oder Lohn oder durch Gewährung von Versor-
gungsbezügen ausgeglichen wird. [4]Im Falle einer fahrlässigen
Amtspflichtverletzung geht abweichend von § 839 Abs. 1
Satz 2 des Bürgerlichen Gesetzbuches die Ersatzpflicht auf
Grund der Vorschriften über die Amtspflichtverletzung der
Leistungspflicht des Entschädigungsfonds vor. [5]Die Leistungspflicht des Entschädigungsfonds entfällt ferner bei Ansprüchen
des Bundes, der Länder, der Gemeinden und der Gemeindever-
bände als Straßenbaulastträger.

(2) [1]In den Fällen des Absatzes 1 Nr. 1 können gegen den
Entschädigungsfonds Ansprüche nach § 847 des Bürgerlichen
Gesetzbuches nur geltend gemacht werden, wenn und soweit
die Leistung einer Entschädigung wegen der besonderen
Schwere der Verletzung zur Vermeidung einer groben Unbil-
ligkeit erforderlich ist. [2]Für Sachschäden am Fahrzeug des Er-
satzberechtigten besteht in den Fällen des Absatzes 1 Nr. 1 keine
Leistungspflicht des Entschädigungsfonds. [3]Für sonstige Sach-

schäden beschränkt sich in diesen Fällen die Leistungspflicht des Entschädigungsfonds auf den Betrag, der eintausend Deutsche Mark übersteigt.

(3) [1]Der Anspruch des Ersatzberechtigten gegen den Entschädigungsfonds verjährt in drei Jahren. [2]Die Verjährung beginnt mit dem Zeitpunkt, in dem der Ersatzberechtigte von dem Schaden und von den Umständen Kenntnis erlangt, aus denen sich ergibt, daß er seinen Ersatzanspruch gegen den Entschädigungsfonds geltend machen kann. [3]Ist der Anspruch des Ersatzberechtigten bei dem Entschädigungsfonds angemeldet worden, so ist die Verjährung bis zum Eingang der schriftlichen Entscheidung des Entschädigungsfonds und, wenn die Schiedsstelle (§ 14 Nr. 3) angerufen worden ist, des Einigungsvorschlags der Schiedsstelle gehemmt.[2]

(4) [1]Im übrigen bestimmen sich Voraussetzungen und Umfang der Leistungspflicht des Entschädigungsfonds sowie die Pflichten des Ersatzberechtigten gegenüber dem Entschädigungsfonds nach den Vorschriften, die bei Bestehen einer auf Grund dieses Gesetzes abgeschlossenen Haftpflichtversicherung für das Verhältnis zwischen dem Versicherer und dem Dritten in dem Falle gelten, daß der Versicherer dem Versicherungsnehmer gegenüber von der Verpflichtung zur Leistung frei ist. [2]In den Fällen des Absatzes 1 Nr. 2 und 3 haben der Halter, der Eigentümer und der Fahrer des Fahrzeugs gegenüber dem Entschädigungsfonds die einen Versicherungsnehmer nach Eintritt des Versicherungsfalles gegenüber dem Versicherer treffenden Verpflichtungen zu erfüllen.

(5) Der Entschädigungsfonds kann von den Personen, für deren Schadensersatzverpflichtungen er nach Absatz 1 einzutreten hat, wie ein Beauftragter Ersatz seiner Aufwendungen verlangen.

(6) [1]Der Ersatzanspruch des Ersatzberechtigten gegen den Halter, den Eigentümer und den Fahrer des Fahrzeugs sowie ein Ersatzanspruch, der dem Ersatzberechtigten oder dem Halter, dem Eigentümer oder dem Fahrer des Fahrzeugs gegen einen sonstigen Ersatzpflichtigen zusteht, gehen auf den Entschädigungsfonds über, soweit dieser dem Ersatzberechtigten den Schaden ersetzt. [2]Der Übergang kann nicht zum Nachteil des Ersatzberechtigten geltend gemacht werden. [3]Gibt der Ersatzberechtigte seinen Ersatzanspruch oder ein zur Sicherung des

Anspruchs dienendes Recht auf, so entfällt die Leistungspflicht des Entschädigungsfonds insoweit, als er aus dem Anspruch oder dem Recht hätte Ersatz erlangen können. [4]Soweit der Entschädigungsfonds Ersatzansprüche nach Absatz 1 Nr. 4 befriedigt, sind dessen Ersatzansprüche gegenüber dem Versicherungsnehmer und mitversicherten Personen auf je 5000 DM beschränkt.

§ 13[1) 2)] **Träger des Entschädigungsfonds; Beiträge; Beginn der Leistungspflicht]** (1) [1]Zur Wahrnehmung der Aufgaben des Entschädigungsfonds wird eine rechtsfähige Anstalt des öffentlichen Rechts errichtet, die mit dem Inkrafttreten dieses Gesetzes als enstanden gilt. [2]Organe der Anstalt sind der Vorstand und der Verwaltungsrat. [3]Die Anstalt untersteht der Aufsicht des Bundesministers der Justiz. [4]Das Nähere über die Anstalt bestimmt die Satzung, die von der Bundesregierung durch Rechtsverordnung ohne Zustimmung des Bundesrates aufgestellt wird. [5]Die im Geltungsbereich dieses Gesetzes zum Betrieb der Kraftfahrzeug-Haftpflichtversicherung befugten Versicherungsunternehmen und die Haftpflichtschadenausgleiche im Sinne von § 1 Abs. 3 Nr. 3 des Versicherungsaufsichtsgesetzes sowie die nach § 2 Nrn. 1 bis 4 von der Versicherungspflicht befreiten Halter nichtversicherter Fahrzeuge sind verpflichtet, unter Berücksichtigung ihres Anteils am Gesamtbestand der Fahrzeuge und der Art dieser Fahrzeuge an die Anstalt Beiträge zur Deckung der Entschädigungsleistungen und der Verwaltungskosten zu leisten. [6]Das Nähere über die Beitragspflicht bestimmt der Bundesminister der Justiz im Einvernehmen mit dem Bundesminister für Verkehr, dem Bundesminister für Wirtschaft und dem Bundesminister der Finanzen durch Rechtsverordnung mit Zustimmung des Bundesrates.

(2) [1]Der Bundesminister der Justiz wird ermächtigt, im Einvernehmen mit dem Bundesminister für Verkehr, dem Bundesminister für Wirtschaft und dem Bundesminister der Finanzen durch Rechtsverordnung ohne Zustimmung des Bundesrates

---

[1)] § 13 geänd. durch G v. 18. 3. 1975 (BGBl. I S. 705), G v. 18. 12. 1975 (BGBl. I S. 3139), G v. 29. 3. 1983 (BGBl. I S. 377), Abs. 5 angef. durch G v. 21. 7. 1994 (BGBl. I S. 1630).
[2)] ★ Siehe die Anwendungsmaßgabe für das Gebiet der ehem. DDR im Anschluß an dieses Gesetz.

die Stellung des Entschädigungsfonds einer anderen bestehenden juristischen Person zuzuweisen, wenn diese bereit ist, die Aufgaben des Entschädigungsfonds zu übernehmen, und wenn sie hinreichende Gewähr für die Erfüllung der Ansprüche der Ersatzberechtigten bietet. [2]Durch die Rechtsverordnung kann sich der Bundesminister der Justiz die Genehmigung der Satzung dieser juristischen Person vorbehalten und die Aufsicht über die juristische Person regeln.

(3) [1]Der Bundesminister der Justiz wird ferner ermächtigt, im Einvernehmen mit den in Absatz 2 genannten Bundesministern durch Rechtsverordnung ohne Zustimmung des Bundesrates zu bestimmen, von welchem Zeitpunkt ab die Anstalt (Absatz 1) oder die durch Rechtsverordnung (Absatz 2) bezeichnete juristische Person von Ersatzberechtigten in Anspruch genommen werden kann, und zu bestimmen, daß eine Leistungspflicht nur besteht, wenn das schädigende Ereignis nach einem in der Verordnung festzusetzenden Zeitpunkt eingetreten ist. [2]Die Anstalt kann jedoch spätestens zwei Jahre nach dem Inkrafttreten dieses Gesetzes wegen der Schäden, die sich nach diesem Zeitpunkt ereignen, in Anspruch genommen werden, sofern nicht bis zu diesem Zeitpunkt den Ersatzberechtigten durch Rechtsverordnung die Möglichkeit gegeben worden ist, eine andere juristische Person in Anspruch zu nehmen.

(4) Der Entschädigungsfonds ist von der Körperschaftsteuer, der Gewerbesteuer und der Vermögensteuer befreit.

(5) Die vom Entschädigungsfonds zur Befriedigung von Ansprüchen nach § 12 Abs. 1 Nr. 4 in einem Kalenderjahr zu erbringenden Aufwendungen sind auf 0,5 vom Hundert des Gesamtprämienaufkommens der Kraftfahrzeug-Haftpflichtversicherung des vorangegangenen Kalenderjahres begrenzt.

§ 14[1] Ersatz für Auslands- und für Ausländerschäden: Schiedsstelle] Der Bundesminister der Justiz wird ermächtigt, im Einvernehmen mit dem Bundesminister für Verkehr, dem Bundesminister für Wirtschaft und dem Bundesminister der Finanzen durch Rechtsverordnung ohne Zustimmung des Bundesrates

---

[1] § 14 geänd. durch G v. 18. 3. 1975 (BGBl. I S. 705), Nr. 2 neugef. durch G v. 21. 7. 1994 (BGBl. I S. 1630).

1. zu bestimmen, daß der Entschädigungsfonds in den Fällen des § 12 Abs. 1 Nr. 1 auch für Schäden einzutreten hat, die einem Deutschen außerhalb des Geltungsbereichs dieses Gesetzes entstehen und nicht von einer Stelle in dem Staat ersetzt werden, in dem sich der Unfall zugetragen hat, wenn dies erforderlich ist, um eine Schlechterstellung des Deutschen gegenüber den Angehörigen dieses Staates auszugleichen;

2. zu bestimmen, daß der Entschädigungsfonds Leistungen an ausländische Staatsangehörige ohne festen Wohnsitz im Inland nur bei Vorliegen der Gegenseitigkeit erbringt, soweit nicht völkerrechtliche Verträge der Bundesrepublik Deutschland dem entgegenstehen;

3. zu bestimmen,

   a) daß beim Entschädigungsfonds eine Schiedsstelle gebildet wird, die in Streitfällen zwischen dem Ersatzberechtigten und dem Entschädigungsfonds auf eine gütliche Einigung hinzuwirken und den Beteiligten erforderlichenfalls einen begründeten Einigungsvorschlag zu machen hat,

   b) wie die Mitglieder der Schiedsstelle, die aus einem die Befähigung zum Richteramt besitzenden, sachkundigen und unabhängigen Vorsitzenden sowie einem von der Versicherungswirtschaft benannten und einem dem Bereich der Ersatzberechtigten zuzurechnenden Beisitzer besteht, zu bestellen sind und wie das Verfahren der Schiedsstelle einschließlich der Kosten zu regeln ist,

   c) daß Ansprüche gegen den Entschädigungsfonds im Wege der Klage erst geltend gemacht werden können, nachdem ein Verfahren vor der Schiedsstelle vorausgegangen ist, sofern seit der Anrufung der Schiedsstelle mehr als drei Monate verstrichen sind.

Vierter Abschnitt.
Übergangs- und Schlußvorschriften

§ 15[1)] [Fortgeltung der Prämie und des Tarifs bei Übernahme] Wird zur Vermeidung einer Insolvenz ein Bestand an Kraftfahrzeug-Haftpflichtversicherungsverträgen mit Geneh-

---

[1)] § 15 neugef. durch G v. 21. 7. 1994 (BGBl. I S. 1630).

migung der Aufsichtsbehörden auf einen anderen Versicherer
übertragen, so kann der übernehmende Versicherer die Anwendung des für sein Unternehmen geltenden Tarifs (Prämie und
Tarifbestimmungen) und seiner Versicherungsbedingungen
vom Beginn der nächsten Versicherungsperiode an erklären,
wenn er dem Versicherungsnehmer die Tarifänderung unter
Kenntlichmachung der Unterschiede des alten und neuen Tarifs
spätestens einen Monat vor Inkrafttreten der Änderung mitteilt
und ihn schriftlich über sein Kündigungsrecht belehrt.

§ 16[1) *(aufgehoben)*

Anlage[2)
zu § 4 Abs. 2

Mindestversicherungssummen

1. Die Mindesthöhe der Versicherungssumme beträgt bei Kraftfahrzeugen
einschließlich der Anhänger eine Million DM für Personenschäden,
400000 DM für Sachschäden und 40000 DM für die weder mittelbar noch
unmittelbar mit einem Personen- oder Sachschaden zusammenhängenden
Vermögensschäden (reine Vermögensschäden). Für den Fall der Tötung oder
Verletzung mehrerer Personen beträgt die Mindesthöhe der Versicherungssumme für Personenschäden eineinhalb Millionen DM.

2. Bei Kraftfahrzeugen, die der Beförderung von Personen dienen und
mehr als neun Plätze (ohne den Fahrersitz) aufweisen, erhöhen sich diese Beträge für das Kraftfahrzeug unter Ausschluß der Anhänger

a) für den 10. und jeden weiteren Platz bis zum 80. Platz

   um 15000 DM für Personenschäden,
        1000 DM für Sachschäden und
         200 DM für reine Vermögensschäden,

b) vom 81. Platz ab für jeden weiteren Platz

   um 8000 DM für Personenschäden,
        1000 DM für Sachschäden und
         200 DM für reine Vermögensschäden.

Dies gilt nicht für Kraftomnibusse, die ausschließlich zu Lehr- und Prüfungs-
zwecken verwendet werden.

3. Bei Anhängern entspricht die Mindesthöhe der Versicherungssumme für
Schäden, die nicht mit dem Betrieb des Kraftfahrzeugs im Sinne des § 7 des
Straßenverkehrsgesetzes im Zusammenhang stehen, und für die den Insassen

---

[1) § 16 aufgeh. durch G v. 21. 7. 1994 (BGBl. I S. 1630).
[2) Nr. 1 der Anlage neugef. durch 2. ÄndVO v. 22. 4. 1981 (BGBl. I
S. 394).

des Anhängers zugefügten Schäden den in Nummer 1, bei Personenanhängern mit mehr als neun Plätzen den in Nummern 1 und 2 genannten Beträgen.

4. Zu welcher dieser Gruppen das Fahrzeug gehört, richtet sich nach der Eintragung im Kraftfahrzeug- oder Anhängerbrief.

Ergänzungen durch den Einigungsvertrag vom 31. 8. 1990

Zur Anwendung des Pflichtversicherungsgesetzes für das Gebiet der ehem. DDR siehe Anl. I Kap. III Sachgeb. D Abschn. III Nr. 8 Einigungsvertrag v. 31. 8. 1990 (BGBl. II S. 885, 960). Das PflVersG ist in dem Gebiet der ehem. DDR mit folgender Maßgabe anzuwenden:

Solange die Aufgaben des Entschädigungsfonds für Schäden aus Kraftfahrzeugunfällen nach den §§ 12 und 13 Abs. 4 des Pflichtversicherungsgesetzes dem rechtsfähigen Verein „Verkehrsopferhilfe e. V." in Hamburg zugewiesen sind, kann der Bundesminister der Justiz Satzungsbestimmungen genehmigen, die den für die Regulierung von Schäden, die in dem in Artikel 3 des Einigungsvertrages genannten Gebiet verursacht sind, erforderlichen Deckungsbedarf nach der Höhe des Prämienaufkommens in diesem Gebiet anteilsmäßig auf die dort tätigen Kraftfahrversicherer verteilt. Tritt an die Stelle der Verkehrsopferhilfe eine andere Einrichtung, so kann der Bundesminister der Justiz durch Rechtsverordnung ohne Zustimmung des Bundesrates eine vergleichbare Regelung anordnen.

4. Verordnung über den Versicherungsschutz in der Kraftfahrzeug-Haftpflichtversicherung (Kraftfahrzeug-Pflichtversicherungsverordnung – KfzPflVV)

Vom 29. Juli 1994 (BGBl. I S. 1837)

BGBl. III 925–1–5

Auf Grund des § 4 Abs. 1 des Pflichtversicherungsgesetzes in der Fassung des Gesetzes vom 5. April 1965 (BGBl. I S. 213), der durch Artikel 5 Nr. 1 des Gesetzes vom 21. Juli 1994 (BGBl. I S. 1630) neu gefaßt worden ist, verordnet das Bundesministerium der Justiz im Einvernehmen mit dem Bundesministerium der Finanzen und dem Bundesministerium für Verkehr:

§ 1. [Geltungsbereich des Versicherungsschutzes] (1) [1]Die Kraftfahrzeug-Haftpflichtversicherung hat Versicherungsschutz in Europa sowie in den außereuropäischen Gebieten, die zum Geltungsbereich des Vertrages über die Europäische Wirtschaftsgemeinschaft gehören, in der Höhe zu gewähren, die in dem jeweiligen Land gesetzlich vorgeschrieben ist, mindestens jedoch in der in Deutschland vorgeschriebenen Höhe. [2]Wird eine Erweiterung des räumlichen Geltungsbereichs des Versicherungsschutzes vereinbart, gilt Satz 1 entsprechend.

(2) Beginn und Ende des Versicherungsschutzes bestimmen sich nach den §§ 187 und 188 des Bürgerlichen Gesetzbuches.

§ 2. [Gegenstand des Versicherungsschutzes] (1) Die Versicherung hat die Befriedigung begründeter und die Abwehr unbegründeter Schadensersatzansprüche zu umfassen, die auf Grund gesetzlicher Haftpflichtbestimmungen privatrechtlichen Inhalts gegen den Versicherungsnehmer oder mitversicherten Personen erhoben werden, wenn durch den Gebrauch des versicherten Fahrzeugs

1. Personen verletzt oder getötet worden sind,
2. Sachen beschädigt oder zerstört worden oder abhanden gekommen sind oder

3. Vermögensschäden herbeigeführt worden sind, die weder mit einem Personen- noch mit einem Sachschaden mittelbar oder unmittelbar zusammenhängen.

(2) Mitversicherte Personen sind

1. der Halter,
2. der Eigentümer,
3. der Fahrer,
4. Beifahrer, das heißt Personen, die im Rahmen ihres Arbeitsverhältnisses zum Versicherungsnehmer oder Halter den berechtigten Fahrer zu seiner Ablösung oder zur Vornahme von Lade- und Hilfsarbeiten nicht nur gelegentlich begleiten,
5. Omnibusschaffner, soweit sie im Rahmen ihres Arbeitsverhältnisses zum Versicherungsnehmer oder Halter tätig werden,
6. Arbeitgeber oder öffentlicher Dienstherr des Versicherungsnehmers, wenn das versicherte Fahrzeug mit Zustimmung des Versicherungsnehmers für dienstliche Zwecke gebraucht wird.

(3) Mitversicherten Personen ist das Recht auf selbständige Geltendmachung ihrer Ansprüche einzuräumen.

§ 3. [Anhänger, Auflieger] (1) [1]Die Versicherung eines Kraftfahrzeugs hat auch die Haftung für Schäden zu umfassen, die durch einen Anhänger oder Auflieger verursacht werden, der mit dem Kraftfahrzeug verbunden ist oder sich während des Gebrauchs von diesem löst und sich noch in Bewegung befindet. [2]Das Gleiche gilt für die Haftung für Schäden, die verursacht werden durch geschleppte und abgeschleppte Fahrzeuge, für die kein Haftpflichtversicherungsschutz besteht.

(2) Bei der Versicherung eines Anhängers oder Aufliegers kann vereinbart werden, daß der Versicherungsschutz nur für Schäden gilt, die durch den Anhänger verursacht werden, wenn er mit einem Kraftfahrzeug nicht verbunden ist oder sich von dem Kraftfahrzeug gelöst hat und sich nicht mehr in Bewegung befindet sowie für Schäden, die den Insassen des Anhängers zugefügt werden.

§ 4. [Ausschlüsse] Von der Versicherung kann die Haftung nur ausgeschlossen werden

1. für Ersatzansprüche des Versicherungsnehmers, Halters oder Eigentümers gegen mitversicherte Personen wegen Sach- oder Vermögensschäden;
2. für Ersatzansprüche wegen Beschädigung, Zerstörung oder Abhandenkommens des versicherten Fahrzeugs mit Ausnahme der Beschädigung betriebsunfähiger Fahrzeuge beim nicht gewerbsmäßigen Abschleppen im Rahmen üblicher Hilfeleistung;
3. für Ersatzansprüche wegen Beschädigung, Zerstörung oder Abhandenkommens von mit dem versicherten Fahrzeug beförderten Sachen mit Ausnahme jener, die mit Willen des Halters beförderte Personen üblicherweise mit sich führen oder, sofern die Fahrt überwiegend der Personenbeförderung dient, als Gegenstände des persönlichen Bedarfs mit sich führen;
4. für Ersatzansprüche aus der Verwendung des Fahrzeugs bei behördlich genehmigten kraftfahrt-sportlichen Veranstaltungen, bei denen es auf die Erzielung einer Höchstgeschwindigkeit ankommt oder den dazugehörigen Übungsfahrten;
5. für Ersatzansprüche wegen Vermögensschäden durch die Nichteinhaltung von Liefer- und Beförderungsfristen;
6. für Ersatzansprüche wegen Schäden durch Kernenergie.

§ 5. [Obliegenheiten] (1) Als Obliegenheiten vor Eintritt des Versicherungsfalls können nur vereinbart werden die Verpflichtung,

1. das Fahrzeug zu keinem anderen als dem im Versicherungsvertrag angegebenen Zweck zu verwenden;
2. das Fahrzeug nicht zu behördlich nicht genehmigten Fahrveranstaltungen zu verwenden, bei denen es auf die Erzielung einer Höchstgeschwindigkeit ankommt;
3. das Fahrzeug nicht unberechtigt zu gebrauchen oder wissentlich gebrauchen zu lassen;
4. das Fahrzeug nicht auf öffentlichen Wegen und Plätzen zu benutzen oder benutzen zu lassen, wenn der Fahrer nicht die vorgeschriebene Fahrerlaubnis hat;
5. das Fahrzeug nicht zu führen oder führen zu lassen, wenn der Fahrer infolge des Genußes alkoholischer Getränke oder anderer berauschender Mittel dazu nicht sicher in der Lage ist.

(2) Gegenüber dem Versicherungsnehmer, dem Halter oder Eigentümer befreit eine Obliegenheitsverletzung nach Absatz 1 Nr. 3 bis 5 den Versicherer nur dann von der Leistungspflicht, wenn der Versicherungsnehmer, der Halter oder der Eigentümer die Obliegenheitsverletzung selbst begangen oder schuldhaft ermöglicht hat.

(3) [1]Bei Verletzung einer nach Absatz 1 vereinbarten Obliegenheit oder wegen Gefahrerhöhung ist die Leistungsfreiheit des Versicherers gegenüber dem Versicherungsnehmer und den mitversicherten Personen auf den Betrag von höchstens je zehntausend Deutsche Mark beschränkt. [2]Satz 1 gilt nicht gegenüber einem Fahrer, der das Fahrzeug durch eine strafbare Handlung erlangt hat.

§ 6. [Obliegenheitsverletzung] (1) Wegen einer nach Eintritt des Versicherungsfalls vorsätzlich oder grob fahrlässig begangenen Obliegenheitsverletzung ist die Leistungsfreiheit des Versicherers dem Versicherungsnehmer gegenüber vorbehaltlich der Absätze 2 und 3 auf einen Betrag von höchstens fünftausend Deutsche Mark beschränkt.

(2) Soweit eine grob fahrlässig begangene Obliegenheitsverletzung weder Einfluß auf die Feststellung des Versicherungsfalles noch auf die Feststellung oder den Umfang der dem Versicherer obliegenden Leistung gehabt hat, bleibt der Versicherer zur Leistung verpflichtet.

(3) Bei besonders schwerwiegender vorsätzlich begangener Verletzung der Aufklärungs- oder Schadensminderungspflichten ist die Leistungsfreiheit des Versicherer auf höchstens zehntausend Deutsche Mark beschränkt.

§ 7. [Leistungsfreiheit] [1]Wird eine Obliegenheitsverletzung in der Absicht begangen, sich oder einem Dritten dadurch einen rechtswidrigen Vermögensvorteil zu verschaffen, ist die Leistungsfreiheit hinsichtlich des erlangten rechtswidrigen Vermögensvorteils unbeschränkt. [2]Gleiches gilt hinsichtlich des Mehrbetrages, wenn der Versicherungsnehmer vorsätzlich oder grob fahrlässig einen Anspruch ganz oder teilweise unberechtigt anerkennt oder befriedigt, eine Anzeigepflicht verletzt oder bei einem Rechtsstreit dem Versicherer nicht dessen Führung überläßt.

§ 8. [Rentenzahlung] (1) [1]Hat der Versicherungsnehmer an den Geschädigten Rentenzahlungen zu leisten und übersteigt der Kapitalwert der Rente die Versicherungssumme oder den nach Abzug etwaiger sonstiger Leistungen aus dem Versicherungsfall noch verbleibenden Restbetrag der Versicherungssumme, so muß die zu leistende Rente nur im Verhältnis der Versicherungssumme oder ihres Restbetrages zum Kapitalwert der Rente erstattet werden. [2]Der Rentenwert ist auf Grund der allgemeinen Sterbetafeln für Deutschland mit Erlebensfallcharakter 1987 R Männer und Frauen und unter Zugrundelegung des Rechnungszinses, der die tatsächlichen Kapitalmarktzinsen in Deutschland berücksichtigt, zu berechnen. [3]Hierbei ist der arithmetische Mittelwert über die jeweils letzten zehn Jahre der Umlaufrenditen der öffentlichen Hand, wie sie von der Deutschen Bundesbank veröffentlicht werden, zugrunde zu legen. [4]Nachträgliche Erhöhungen oder Ermäßigungen der Rente sind zum Zeitpunkt des ursprünglichen Rentenbeginns mit dem Barwert einer aufgeschobenen Rente nach der genannten Rechnungsgrundlage zu berechnen.

(2) Für die Berechnung von Waisenrenten kann das 18. Lebensjahr als frühestes Endalter vereinbart werden.

(3) Für die Berechnung von Geschädigtenrenten kann bei unselbständig Tätigen das vollendete 65. Lebensjahr als Endalter vereinbart werden, sofern nicht durch Urteil, Vergleich oder eine andere Festlegung etwas anderes bestimmt ist oder sich die der Festlegung zugrunde gelegten Umstände ändern.

(4) Bei der Berechnung des Betrages, mit dem sich der Versicherungsnehmer an laufenden Rentenzahlungen beteiligen muß, wenn der Kapitalwert der Rente die Versicherungssumme oder die nach Abzug sonstiger Leistungen verbleibende Restversicherungssumme übersteigt, können die sonstigen Leistungen mit ihrem vollen Betrag von der Versicherungssumme abgesetzt werden.

§ 9. [Vorläufiger Deckungsschutz] [1]Sagt der Versicherer durch Aushändigung der zur behördlichen Zulassung notwendigen Versicherungsbestätigung vorläufigen Deckungsschutz zu, so ist vorläufiger Deckungsschutz vom Zeitpunkt der behördlichen Zulassung des Fahrzeuges oder bei einem zugelassenen Fahrzeug vom Zeitpunkt der Einreichung der Versicherungsbestätigung bei der Zulassungsstelle an bis zur Einlösung des Versicherungsscheins zu gewähren. [2]Sofern er den Versicherungsnehmer schriftlich darüber belehrt, kann sich der Versicherer vorbehalten, daß die vorläufige Deckung rückwirkend außer Kraft tritt, wenn bei einem unverändert angenommenen Versicherungsantrag der Versicherungsschein nicht binnen einer im Versicherungsvertrag bestimmten, mindestens zweiwöchigen Frist eingelöst wird und der Versicherungsnehmer die Verspätung zu vertreten hat.

§ 10. [Änderung der Rechtslage] Änderungen dieser Verordnung und Änderungen der Mindesthöhe der Versicherungssumme finden auf bestehende Versicherungsverhältnisse von dem Zeitpunkt an Anwendung, zu dem die Änderungen in Kraft treten.

§ 11. [Inkrafttreten] Diese Verordnung tritt am Tage nach der Verkündung[1] in Kraft.

---

[1] Die Verordnung wurde am 3. 8. 1994 verkündet.

5. Verordnung über den Entschädigungsfonds für Schäden aus Kraftfahrzeugunfällen

Vom 14. Dezember 1965 (BGBl. I S. 2093)

Geändert durch VO vom 17. 12. 1994 (BGBl. I S. 3845)

BGBl. III 925–1–1

(Auszug)

§ 1. Die Stellung des Entschädigungsfonds für Schäden aus Kraftfahrzeugunfällen nach den §§ 12 und 13 Abs. 4 des Pflichtversicherungsgesetzes in der Fassung des Gesetzes vom 5. April 1965 (Bundesgesetzblatt I S. 213) wird dem rechtsfähigen Verein „Verkehrsopferhilfe eingetragener Verein" in Hamburg (Verkehrsopferhilfe)[1] mit seiner Zustimmung zugewiesen.

§ 2. [1]Die Satzung der Verkehrsopferhilfe sowie jede Änderung der Satzung bedarf der Genehmigung des Bundesministers der Justiz. [2]Die Satzung ist im Bundesanzeiger bekanntzumachen.[2]

§ 5. Bei der Verkehrsopferhilfe besteht eine Schiedsstelle, die in Streitfällen zwischen dem Geschädigten und der Verkehrsopferhilfe auf eine gütliche Einigung hinzuwirken und den Beteiligten erforderlichenfalls einen Einigungsvorschlag zu machen hat.

§ 9. Ansprüche gegen die Verkehrsopferhilfe nach § 12 des Pflichtversicherungsgesetzes und § 10 dieser Verordnung können im Wege der Klage erst geltend gemacht werden, nachdem ein Verfahren vor der Schiedsstelle vorausgegangen ist, oder wenn seit der Anrufung der Schiedsstelle mehr als drei Monate verstrichen sind.

§ 9a.[3] Die §§ 5 bis 9 finden auf die Regulierung von Ansprüchen nach § 12 Abs. 1 Nr. 4 des Pflichtversicherungsgesetzes keine Anwendung.

---

[1] Adresse: Glockengießerwall 1, 20095 Hamburg.
[2] Siehe die Bek. v. 29. 12. 1994 (BAnz. Nr. 9 v. 13. 1. 1995, S. 257).
[3] § 9a eingef. durch VO v. 17. 12. 1994 (BGBl. I S. 3845).

5 EntschädFonds   VO über den Entschädigungsfonds

§ 10. Die Verkehrsopferhilfe hat im Rahmen des § 12 des Pflichtversicherungsgesetzes auch für Schäden einzutreten, die unter den Voraussetzungen des § 12 Abs. 1 Nr. 1 des Pflichtversicherungsgesetzes einem Deutschen außerhalb des Gestaltungsbereichs des Pflichtversicherungsgesetzes entstehen,

a) wenn in dem Staat, in dem sich der Unfall zugetragen hat, eine Stelle besteht, die Angehörigen dieses Staates in Fällen dieser Art Ersatz leistet, und

b) wenn und soweit deutsche Ersatzberechtigte von der Ersatzleistung durch diese Stelle ausgeschlossen sind.

§ 11.[1] [1]Die Verkehrsopferhilfe erbringt Leistungen an ausländische Staatsangehörige ohne festen Wohnsitz im Inland nur bei Vorliegen der Gegenseitigkeit. [2]Dies gilt nicht, soweit völkerrechtliche Verträge der Bundesrepublik Deutschland dem entgegenstehen.

---

[1] § 11 neugef. durch VO v. 17. 12. 1994 (BGBl. I S. 3845).

6. Verordnung zur Vereinheitlichung des Rechts der Vertragsversicherung

Vom 19. Dezember 1939 (RGBl. I S. 2443)

BGBl. III 7632–3

(Auszug)

Die im 1. Abschnitt enthaltenen Änderungsvorschriften zum Gesetz über den Versicherungsvertrag (§§ 3, 5, 6, 8, 11, 12, 13, 14, 15a, 16, 18, 29a, 31, 34, 34a, 38, 39, 40–42, 43, 59, 60, 62, 70, 78, 85, 92, 94, 99, 109, 110, 114, 115a, 116, 118, 124, 140, 159, 161, 164a, 166, 167, 172, 173, 176–179, 187, 191, 194) und die im zweiten Abschnitt enthaltenen Änderungsvorschriften zum Einführungsgesetz zum Versicherungsvertragsgesetz sind im Text der Gesetze (Nrn. **1** und **2** dieser Ausgabe) berücksichtigt.

Dritter Abschnitt. Übergangsvorschriften

1. Diese Verordnung findet auf die zur Zeit ihres Inkrafttretens bestehenden Versicherungsverhältnisse mit folgender Maßgabe Anwendung:

1. § 5 gilt nur, wenn der Versicherungsschein erst nach Ablauf eines Monats nach dem Inkrafttreten dieser Verordnung ausgefertigt wird.
2. Im Falle des § 38 beginnt der Lauf der Frist mit dem Tage des Inkrafttretens dieser Verordnung, sofern die Prämie vor diesem Zeitpunkte fällig geworden ist.
3. Soweit die allgemeinen Versicherungsbedingungen, die den vor dem Inkrafttreten dieser Verordnung abgeschlossenen Versicherungsverträgen zugrunde liegen, mit aufgehobenen oder geänderten Vorschriften inhaltlich übereinstimmen, treten die entsprechenden Bestimmungen dieser Verordnung an ihre Stelle.

2. Die sich aus dieser Verordnung ergebenden Änderungen des Versicherungsverhältnisses sind in einem Nachtrag zum

Versicherungsschein niederzulegen, der dem Versicherungsnehmer auszuhändigen ist.[1]

Vierter Abschnitt. Sondervorschriften für die Ostmark und den Reichsgau Sudetenland

(nicht abgedruckt)

Fünfter Abschnitt. Schlußbestimmungen

[1]Diese Verordnung tritt mit dem 1. Juli 1940[2] in Kraft. [2]Die zu ihrer Durchführung erforderlichen Maßnahmen können schon vor diesem Zeitpunkte getroffen werden.
[3]Wo auf Vorschriften verwiesen wird, die durch diese Verordnung oder auf Grund dieser Verordnung ergangene Bestimmungen aufgehoben oder geändert werden, erhält die Verweisung ihren Inhalt aus den entsprechenden neuen Vorschriften.
[4]Einer Verweisung steht es gleich, wenn die Anwendbarkeit der vorbezeichneten Vorschriften stillschweigend vorausgesetzt wird.
[5]Der *Reichsminister der Justiz* wird ermächtigt, im Einvernehmen mit den *beteiligten Reichsministern* das Gesetz über den Versicherungsvertrag zu ergänzen und zu ändern. [6]Er kann das Gesetz in neuer fortlaufender Paragraphenfolge bekanntmachen und dabei Unstimmigkeiten beseitigen sowie zur besseren Übersicht das Gesetz in Abschnitte teilen und die einzelnen Paragraphen mit Überschriften versehen.

---

[1] Gemäß § 1 VO v. 13. 4. 1940 (RGBl. I S. 638) kann von der Aushändigung eines Nachtrags zum Versicherungsschein bis auf weiteres abgesehen werden.
[2] Die VO v. 19. 12. 1939 ist nach der VO v. 13. 6. 1940 (RGBl. I S. 872) und der VO v. 27. 9. 1940 (RGBl. I S. 1928) für die Nicht-Kraftfahrtversicherung erst am 1. 1. 1941 in Kraft getreten; für die Kraftfahrtversicherung bleibt der Termin des 1. 7. 1940 gemäß § 2 VO v. 13. 6. 1940.

7. Verordnung zur Ergänzung und Änderung des Gesetzes über den Versicherungsvertrag

Vom 28. Dezember 1942 (RGBl. I S. 740)

BGBl. III 7632–1–1

(Auszug)

Art. I . . .[1]

Art. II . . .[2]

Art. III 1. [1]Diese Verordnung tritt mit dem 1. Januar 1943 in Kraft. [2]Sie findet auf die zur Zeit ihres Inkrafttretens bestehenden Gebäudefeuerversicherung Anwendung, gleichgültig, ob für diese das Gesetz über den Versicherungsvertrag gilt oder nicht. [3]Soweit eine Gebäudeversicherung bei einer öffentlichen Anstalt unmittelbar kraft Gesetzes entsteht oder die Versicherung infolge eines gesetzlichen Zwanges bei einer solchen Anstalt genommen wird, finden die Vorschriften dieser Verordnung Anwendung, ohne daß es der Anmeldung der Hypothek, Reallast, Grundschuld oder Rentenschuld bedarf. [4]Vorschriften, die nicht unmittelbar angewandt werden können, sind sinngemäß anzuwenden. [5]Bestimmungen, auf Grund deren öffentliche Anstalten dem Gläubiger der Hypothek, Reallast, Grundschuld oder Rentenschuld einen über die Vorschriften dieser Verordnung hinausgehenden Versicherungsschutz zu gewähren haben, bleiben unberührt.

2. . . .[3]

3. Hypothekensicherungsscheine sowie durch Gesetz oder Vertrag begründete Verpflichtungen zur Ausstellung oder Beschaffung eines Hypothekensicherungsscheins werden mit dem Inkrafttreten dieser Verordnung gegenstandslos, doch gilt ein

---

[1] Die in Art. I enthaltenen Änderungen und Ergänzungen des Gesetzes über den Versicherungsvertrag (§§ 100 bis 107c) sind im Text (Nr. 1) berücksichtigt.
[2] Änderung des BGB (nicht abgedruckt).
[3] Änderungen, die unter Nr. 1 und Nr. 4 berücksichtigt sind.

Antrag auf Erteilung eines Hypothekensicherungsscheins als Anmeldung der Hypothek, Reallast, Grundschuld oder Rentenschuld, der Hypothekensicherungsschein als Bestätigung der Anmeldung von seiten des Versicherers.

     4. . . .[1]

Art. **IV** . . .[2]

---

[1] Vgl. die Anm. zu § 107 b VVG.
[2] Die in Art. VI enthaltenen Berechtigungen der §§ 6, 79, 159, 175, 178 und 189 sind im Text (Nr. **1**) berücksichtigt.

8. Zweite Verordnung zur Ergänzung und Änderung des Gesetzes über den Versicherungsvertrag

Vom 6. April 1943 (RGBl. I S. 178)

BGBl. III 7632–1–2

(Auszug)

Art. I . . . [1]

Art. II [1] Diese Verordnung tritt mit dem Tage der Verkündung in Kraft. [2] Sie ist auf bestehende Versicherungsverhältnisse auch dann anzuwenden, wenn die Überversicherung oder der Wegfall des versicherten Interesse vor dem Inkrafttreten dieser Verordnung eingetreten ist; soweit jedoch die aus dem Eintritt der Überversicherung oder die aus dem Wegfall des versicherten Interesses sich ergebenden Fragen bereits geregelt sind, behält es dabei sein Bewenden.

---

[1] Die in diesem Artikel enthaltenen Änderungen und Ergänzungen der §§ 51, 68 und 68a Ges. über den Versicherungsvertrag sind im Text (Nr. **1**) berücksichtigt.

9. Gesetz zur Überleitung landesrechtlicher Gebäudeversicherungsverhältnisse[1)]

Vom 22. Juli 1993 (BGBl. I S. 1282)

(Verkündet als Art. 6 Gesetz zur Durchführung der Elften Gesellschaftsrechtlichen Richtlinie des Rates der Europäischen Gemeinschaften und über Gebäudeversicherungsverhältnisse vom 22. 7. 1993, BGBl. I S. 1282)

BGBl. III 7632–5

§ 1. [Überleitung] [1]Zur Gewährleistung des Gebäudeversicherungsschutzes kann bei Aufhebung der nach Landesrecht bestehenden Gebäudeversicherungsmonopole durch Landesrecht[2)] bestimmt werden, daß Versicherungsverhältnisse, die auf Grund landesrechtlicher Vorschriften bei einer nach Landesrecht errichteten Versicherungsanstalt begründet oder bei einer

---

[1)] Das Gesetz trat am 30. 7. 1993 in Kraft.

[2)] Folgende Bundesländer haben die nach Landesrecht bestehenden Gebäudeversicherungsmonopole aufgehoben und die öffentlich-rechtlichen Versicherungsverhältnisse übergeleitet:

Baden-Württemberg: Gesetz zur Neuordnung der Gebäudeversicherung vom 28. 6. 1993 (BGBl. I S. 505).

Bayern: Gesetz über das öffentliche Versorgungswesen (VersoG) vom 25. 6. 1994 (GVBl. S. 466).

Berlin: Gesetz zu dem Ersten Staatsvertrag zur Änderung des Staatsvertrages zwischen dem Land Berlin und dem Land Brandenburg über die Feuersozietät Berlin Brandenburg und die Öffentliche Lebensversicherung Berlin Brandenburg vom 27. 6. 1994 (GVBl. S. 177).

Hamburg: Gesetz zur Neuordnung der Rechtsverhältnisse der Hamburger Feuerkasse vom 29. 3. 1994 (GVBl. S. 105).

Hessen: Gesetz zu dem Staatsvertrag zwischen dem Land Hessen und dem Land Rheinland-Pfalz über die Nassauische Brandversicherungsanstalt Wiesbaden und die Hessische Brandversicherungsanstalt Darmstadt sowie die Öffentlichen Versicherungsanstalten Hessen-Nassau-Thüringen – Sparkassenversicherungen, zur Abschaffung der Gebäude-Feuer-Versicherungsmonopole sowie zur Neuordnung der Rechtsverhältnisse der Nassauischen Brandversicherungsanstalt Wiesbaden und der Hessischen Brandversicherungsanstalt für Gebäude Darmstadt vom 27. 7. 1993 (GVBl. S. 352).

Niedersachsen: Gesetz über die öffentlich-rechtlichen Versicherungsunternehmen in Niedersachsen (NöVersG) vom 10. 1. 1994 (GVBl. S. 5).

Nordrhein-Westfalen: Gesetz über die Rechtsverhältnisse der Lippischen Landes-Brandversicherungsanstalt Detmold vom 12. 4. 1994 (GVBl. S. 190).

solchen Anstalt infolge eines gesetzlichen Zwanges genommen worden sind, als unbefristete vertragliche Versicherungsverhältnisse fortbestehen, auf die das Gesetz über den Versicherungsvertrag einschließlich der darin vorgesehenen Beschränkungen der Vertragsfreiheit Anwendung findet. [2]Die für diese Versicherungsverhältnisse künftig geltenden Versicherungsbedingungen und Tarife werden durch Landesrecht grundsätzlich entsprechend den bisher geltenden Vorschriften über Inhalt und Umfang des Versicherungsschutzes und über die Tarifgestaltung festgelegt.

§ 2. [Kündigungsrecht] [1]Wird ein Versicherungsverhältnis nach § 1 in ein vertragliches Versicherungsverhältnis übergeleitet, so kann es mit einer Frist von drei Monaten zum 31. Dezember 1994 gekündigt werden. [2]Der Versicherer hat den Versicherungsnehmer bis zum 31. August 1994 schriftlich auf sein Kündigungsrecht hinzuweisen. [3]Unterbleibt der Hinweis, so kann der Versicherungsnehmer das Versicherungsverhältnis jederzeit, spätestens zum 31. Dezember 1995 mit einer Frist von drei Monaten kündigen. [4]Durch Landesrecht kann ein früherer Kündigungszeitpunkt bestimmt werden. [5]Spätere Kündigungen bestimmen sich unter Zugrundelegung einer Kündigungsfrist von drei Monaten nach § 8 Abs. 2 des Gesetzes über den Versicherungsvertrag.

§ 3. [Wirksamkeitserfordernis] (1) Eine Kündigung nach § 2 ist nur wirksam, wenn der Versicherungsnehmer bis zu dem Zeitpunkt, zu dem die Kündigung wirksam werden soll, durch Grundbuchauszug nachgewiesen hat, daß in dem Zeitpunkt, zu dem die Kündigung spätestens zulässig war, das Grundstück nicht mit Hypotheken, Grund- oder Rentenschulden oder Reallasten belastet war oder die Zustimmungserklärungen der Gläubiger vorgelegt hat.

(2) Die Zustimmung darf nicht ohne ausreichenden Grund verweigert werden; sie ist zu erteilen, wenn der Versicherungsnehmer den Abschluß einer neuen Gebäudeversicherung zum vollen Wert und zu marktüblichem Umfang nachweist.

10. Verordnung (EWG) Nr. 1534/91 des Rates über die Anwendung von Artikel 85 Absatz 3 des Vertrages auf bestimmte Gruppen von Vereinbarungen, Beschlüssen und aufeinander abgestimmten Verhaltensweisen im Bereich der Versicherungswirtschaft

Vom 31. Mai 1991 (ABl. Nr. L 143)

DER RAT DER EUROPÄISCHEN GEMEINSCHAFTEN –
gestützt auf den Vertrag zur Gründung der Europäischen Wirtschaftsgemeinschaft, insbesondere auf Artikel 87,
auf Vorschlag der Kommission,
nach Stellungnahme des Europäischen Parlaments,
nach Stellungnahme des Wirtschafts- und Sozialausschusses,
in Erwägung nachstehender Gründe:

Die Erklärung der Nichtanwendbarkeit von Artikel 85 Absatz 1 des Vertrages[1] kann sich nach Absatz 3 desselben Artikels

---

[1] Art. 85 EWG-Vertrag lautet:

Art. 85. (1) **[Verbotene Vereinbarungen]** Mit dem Gemeinsamen Markt unvereinbar und verboten sind alle Vereinbarungen zwischen Unternehmen, Beschlüsse von Unternehmensvereinigungen und aufeinander abgestimmte Verhaltensweisen, welche den Handel zwischen Mitgliedstaaten zu beeinträchtigen geeignet sind und eine Verhinderung, Einschränkung oder Verfälschung des Wettbewerbs innerhalb des Gemeinsamen Marktes bezwecken oder bewirken, insbesondere
a) die unmittelbare oder mittelbare Festsetzung der An- oder Verkaufspreise oder sonstiger Geschäftsbedingungen;
b) die Einschränkung oder Kontrolle der Erzeugung, des Absatzes, der technischen Entwicklung oder der Investitionen;
c) die Aufteilung der Märkte oder Versorgungsquellen;
d) die Anwendung unterschiedlicher Bedingungen bei gleichwertigen Leistungen gegenüber Handelspartnern, wodurch diese im Wettbewerb benachteiligt werden;
e) die an den Abschluß von Verträgen geknüpfte Bedingung, daß die Vertragspartner zusätzliche Leistungen annehmen, die weder sachlich noch nach Handelsbrauch in Beziehung zum Vertragsgegenstand stehen.
(2) **[Nichtigkeit]** Die nach diesem Artikel verbotenen Vereinbarungen oder Beschlüsse sind nichtig.
(3) **[Ausnahmen]** Die Bestimmungen des Absatzes 1 können für nicht anwendbar erklärt werden auf

auf Gruppen von Vereinbarungen, Beschlüssen und aufeinander abgestimmten Verhaltensweisen beziehen, die den in Artikel 85 Absatz 3[1] genannten Voraussetzungen entsprechen.

Die Durchführungsbestimmungen zu Artikel 85 Absatz 3[1] des Vertrages müssen durch Verordnung auf der Grundlage des Artikels 87 des Vertrages erlassen werden.

Für ein ordnungsgemäßes Funktionieren der Versicherungswirtschaft ist bis zu einem gewissen Grad die Zusammenarbeit zwischen Unternehmen dieses Wirtschaftszweigs wünschenswert; gleichzeitig kann sie zur Wahrung der Interessen der Verbraucher beitragen.

Die Anwendung der Verordnung (EWG) Nr. 4064/89 des Rates vom 21. Dezember 1989 über die Kontrolle von Unternehmenszusammenschlüssen[1] ermöglicht es der Kommission, in allen Sektoren einschließlich des Versicherungsbereichs die Fragen zu überwachen, die sich im Zusammenhang mit Konzentrationen ergeben.

Freistellungen im Rahmen des Artikels 85 Absatz 3 des Vertrages berühren als solche in keiner Weise Vorschriften des Gemeinschaftsrechts oder des Rechts der Mitgliedstaaten, die die Verbraucherinteressen in diesem Sektor wahren.

Vereinbarungen, Beschlüsse und aufeinander abgestimmte Verhaltensweisen, die diesen Zielen dienen, können, soweit sie unter Artikel 85 Absatz 1 des Vertrages fallen, unter bestimmten Voraussetzungen von dem dort niedergelegten Verbot ausgenommen werden. Dies gilt insbesondere für Vereinbarungen, Beschlüsse und aufeinander abgestimmte Verhaltensweisen, welche die Erstellung gemeinsamer, auf gegenseitig abge-

---

– Vereinbarungen oder Gruppen von Vereinbarungen zwischen Unternehmen,
– Beschlüsse oder Gruppen von Beschlüssen von Unternehmensvereinigungen,
– aufeinander abgestimmte Verhaltensweisen oder Gruppen von solchen,

die unter angemessener Beteiligung der Verbraucher an dem entstehenden Gewinn zur Verbesserung der Warenerzeugung oder -verteilung oder zur Förderung des technischen oder wirtschaftlichen Fortschritts beitragen, ohne daß den beteiligten Unternehmen

a) Beschränkungen auferlegt werden, die für die Verwirklichung dieser Ziele nicht unerläßlich sind, oder
b) Möglichkeiten eröffnet werden, für einen wesentlichen Teil der betreffenden Waren den Wettbewerb auszuschalten.

---

[1] Siehe Beck-Texte im dtv, Nr. 5009, Wettbewerbs- und Kartellrecht.

stimmten Statistiken oder dem Schadensverlauf beruhender Risikoprämientarife, die Erstellung von Mustern für allgemeine Versicherungsbedingungen, die gemeinsame Deckung bestimmter Arten von Risiken, die Abwicklung von Schadensfällen, die Prüfung und Anerkennung von Sicherheitsvorkehrungen, die Erstellung von Verzeichnissen und den Austausch von Informationen über erhöhte Risiken zum Gegenstand haben.

Wegen der großen Zahl von Anmeldungen, die nach der Verordnung Nr. 17 des Rates vom 6. Februar 1962 – Erste Durchführungsverordnung zu den Artikeln 85 und 86 des Vertrages[1], zuletzt geändert durch die Akte über den Beitritt Spaniens und Portugals, eingereicht worden sind, sollte die Kommisson zur Erleichterung ihrer Aufgaben in die Lage versetzt werden, das Verbot von Artikel 85 Absatz 1 des Vertrages[1] durch Verordnung auf Gruppen derartiger Vereinbarungen, Beschlüsse und aufeinander abgestimmter Verhaltensweisen für nicht anwendbar zu erklären.

Die Voraussetzungen, unter denen die Kommission diese Befugnis in enger und stetiger Verbindung mit den zuständigen Behörden der Mitgliedstaaten ausüben kann, sind näher zu bestimmen.

Bei der Ausübung dieser Befugnisse wird die Kommission nicht nur die Gefahr, daß der Wettbewerb auf einem wesentlichen Teil des relevanten Marktes verhindert wird und die Vorteile, die den Versicherungsnehmern aus den Vereinbarungen erwachsen, in Betracht ziehen, sondern gleichfalls die Gefahr, welche sich aus der Ausbreitung wettbewerbsbeschränkender Klauseln und der Verwendung von Briefkastengesellschaften für die Versicherungsnehmer ergibt.

Bei dem Gebrauch von Verzeichnissen und dem Umgang mit Informationen über erhöhte Risiken muß der Schutz der Vertraulichkeit gewahrt werden.

Nach Artikel 6 der Verordnung Nr. 17 kann die Kommission bestimmen, daß eine Erklärung nach Artikel 85 Absatz 3 des Vertrages rückwirkende Kraft hat. Es ist angebracht, daß die Kommission eine solche Bestimmung auch in einer Verordnung treffen kann.

Nach Artikel 7 der Verordnung Nr. 17 können Vereinbarungen, Beschlüsse und aufeinander abgestimmte Verhaltenswei-

---

[1] Siehe Beck-Texte im dtv, Nr. 5009, **Wettbewerbs- und Kartellrecht**.

sen insbesondere dann durch Entscheidung der Kommission von dem Verbot freigestellt werden, wenn sie derart geändert werden, daß sie die Voraussetzungen für die Anwendung von Artikel 85 Absatz 3 des Vertrages erfüllen. Die Kommission sollte diese Vereinbarungen, Beschlüsse und aufeinander abgestimmte Verhaltensweisen durch Verordnung freistellen können, wenn sie in der Weise abgeändert werden, daß sie unter eine in einer freistellenden Verordnung festgelegte Gruppe fallen.

Da nicht ausgeschlossen werden kann, daß im Einzelfall die in Artikel 85 Absatz 3 des Vertrages aufgezählten Voraussetzungen nicht erfüllt sind, muß die Kommission die Möglichkeit haben, diesen Fall durch Entscheidung gemäß der Verordnung Nr. 17 mit Wirkung für die Zukunft zu regeln –

HAT FOLGENDE VERORDNUNG ERLASSEN:

Art. 1 [Ausnahmen von verbotenen Vereinbarungen]

(1) Unbeschadet der Anwendung der Verordnung Nr. 17 kann die Kommission gemäß Artikel 85 Absatz 3 des Vertrages durch Verordnung[1] Artikel 85 Absatz 1 des Vertrages[2] auf Gruppen von Vereinbarungen von Unternehmen, Beschlüssen von Unternehmensvereinigungen und aufeinander abgestimmten Verhaltensweisen im Bereich der Versicherungswirtschaft für nicht anwendbar erklären, die eine Zusammenarbeit in folgenden Bereichen zum Gegenstand haben:

a) die Festsetzung gemeinsamer Risikoprämientarife, die auf gegenseitig abgestimmten Statistiken oder dem Schadensverlauf beruhen;
b) die Erstellung von Mustern für allgemeine Versicherungsbedingungen;
c) die gemeinsame Deckung bestimmter Arten von Risiken;
d) die Abwicklung von Schadensfällen;
e) die Prüfung und Anerkennung von Sicherheitsvorkehrungen;
f) die Erstellung von Verzeichnissen erhöhter Risiken und den Austausch der entsprechenden Informationen; beim Gebrauch dieser Verzeichnisse und dem Umgang mit diesen

---

[1] Siehe Nr. **11**.
[2] Siehe Anm. [1] zum Titel.

Informationen muß der Schutz der Vertraulichkeit gewahrt werden.

(2) Die in Absatz 1 genannte Verordnung[1] der Kommission muß eine Beschreibung der Gruppen von Vereinbarungen, Beschlüssen und aufeinander abgestimmten Verhaltensweisen enthalten, auf die sie Anwendung findet, und insbesondere bestimmen:

a) die Beschränkungen oder die Bestimmungen, die in den Vereinbarungen, Beschlüssen und aufeinander abgestimmten Verhaltensweisen enthalten bzw. nicht enthalten sein dürfen;

b) die Bestimmungen, die in den Vereinbarungen, Beschlüssen und aufeinander abgestimmten Verhaltensweisen enthalten sein müssen, oder die sonstigen Voraussetzungen, die erfüllt sein müssen.

Art. 2 [Erlaß, Änderung, Aufhebung der VO] [1]Eine aufgrund des Artikels 1 erlassene Verordnung[1] wird für einen bestimmten Zeitraum erlassen.

[2]Sie kann aufgehoben oder geändert werden, wenn sich die Verhältnisse in einem Punkt geändert haben, der für den Erlaß der Verordnung wesentlich war; in diesem Fall wird eine Anpassungsfrist für die unter die ursprüngliche Verordnung fallenden Vereinbarungen, Beschlüsse und aufeinander abgestimmten Verhaltensweisen bestimmt.

Art. 3 [Rückwirkung] In einer aufgrund des Artikels 1 erlassenen Verordnung[1] kann bestimmt werden, daß sie mit rückwirkender Kraft für Vereinbarungen, Beschlüsse und aufeinander abgestimmte Verhaltensweisen gilt, für die am Tag des Inkrafttretens der genannten Verordnung eine Erklärung mit rückwirkender Kraft nach Artikel 6 der Verordnung Nr. 17 hätte abgegeben werden können.

Art. 4 [Weitere Ausnahmen] (1) [1]In einer aufgrund des Artikels 1 erlassenen Verordnung[1] kann bestimmt werden, daß das Verbot von Artikel 85 Absatz 1 des Vertrages für einen in der Verordnung festgesetzten Zeitraum nicht für Vereinbarungen,

---

[1] Siehe Nr. **11**.

Beschlüsse und aufeinander abgestimmte Verhaltensweisen gilt, die am 13. März 1962 bestanden und die Voraussetzungen des Artikels 85 Absatz 3 nicht erfüllen, wenn
– sie binnen sechs Monaten nach Inkrafttreten der genannten Verordnung derart abgeändert werden, daß sie diese Voraussetzungen gemäß den Bestimmungen der genannten Verordnung erfüllen, und
– die Abänderungen der Kommission innerhalb einer in der genannten Verordnung festgesetzten Frist mitgeteilt werden.
[2]Die Bestimmungen des Unterabsatzes 1 gelten in gleicher Weise für Vereinbarungen, Beschlüsse und aufeinander abgestimmte Verhaltensweisen, die am Tage des Beitritts der neuen Mitgliedstaaten bestanden, infolge des Beitritts in den Anwendungsbereich von Artikel 85 Absatz 1 des Vertrages fallen und die Voraussetzungen des Artikels 85 Absatz 3 nicht erfüllen.

(2) [1]Für Vereinbarungen, Beschlüsse und aufeinander abgestimmte Verhaltensweisen, die nach Artikel 5 der Verordnung Nr. 17 vor dem 1. Februar 1963 anzumelden waren, gilt Absatz 1 nur, wenn die Anmeldung vor diesem Zeitpunkt bewirkt worden ist.
[2]Für Vereinbarungen, Beschlüsse und aufeinander abgestimmte Verhaltensweisen, die infolge des Beitritts der neuen Mitgliedstaaten in den Anwendungsbereich von Artikel 85 Absatz 1 des Vertrages fallen und gemäß den Artikeln 5 und 25 der Verordnung Nr. 17 innerhalb von sechs Monaten nach dem Beitritt anzumelden waren, gilt Absatz 1 nur, wenn die Anmeldung vor Ablauf dieser Frist bewirkt worden ist.

(3) In Rechtsstreitigkeiten, die bei Inkrafttreten einer aufgrund des Artikels 1 erlassenen Verordnung anhängig sind, können die aufgrund von Absatz 1 ergangenen Bestimmungen nicht geltend gemacht werden; auch zur Begründung von Schadensersatzansprüchen gegen Dritte können sie nicht geltend gemacht werden.

Art. 5 [Verordnungsentwurf] Vor Erlaß einer Verordnung veröffentlicht die Kommission den Verordnungsentwurf, um allen interessierten Personen und Organisationen Gelegenheit zu geben, ihr innerhalb einer Frist, die sie auf mindestens einen Monat festsetzt, Bemerkungen mitzuteilen.

Art. 6 [Anhörung] (1) Die Kommission hört den Beratenden Ausschuß für Kartell- und Monopolfragen an,

a) bevor sie einen Verordnungsentwurf veröffentlicht,

b) bevor sie eine Verordnung erläßt.

(2) [1] Artikel 10 Absätze 5 und 6 der Verordnung Nr. 17, die die Anhörung des Beratenden Ausschusses betreffen, finden Anwendung. [2] Die gemeinsamen Sitzungen mit der Kommission finden jedoch frühestens einen Monat nach Absendung der Einladung statt.

Art. 7 [Erklärung ohne Anmeldung] Stellt die Kommission von Amts wegen oder auf Antrag eines Mitgliedstaats oder von Personen oder Personenvereinigungen, die ein berechtigtes Interesse geltend machen, fest, daß im Einzelfall Vereinbarungen, Beschlüsse oder aufeinander abgestimmte Verhaltensweisen, die unter eine aufgrund des Artikels 1 erlassene Verordnung fallen, gleichwohl Wirkungen zeitigen, die mit den in Artikel 85 Absatz 3 des Vertrages vorgesehenen Voraussetzungen unvereinbar sind, so kann sie unter Entzug des Vorteils infolge der Anwendung jener Verordnung eine Erklärung nach den Artikeln 6 und 8 der Verordnung Nr. 17 abgeben, ohne daß es einer Anmeldung nach Artikel 4 Absatz 1 der Verordnung Nr. 17 bedarf.

Art. 8 [Berichterstattungspflicht] Die Kommission legt dem Europäischen Parlament und dem Rat spätestens sechs Jahre nach dem Inkrafttreten der in Artikel 1 vorgesehenen Verordnung der Kommission einen Bericht über das Funktionieren der vorliegenden Verordnung vor; gegebenenfalls fügt sie die erforderlich erscheinenden Vorschläge zur Änderung der vorliegenden Verordnung bei.

11. Verordnung (EWG) Nr. 3932/92 der Kommission über die Anwendung von Artikel 85 Absatz 3 EWG-Vertrag auf bestimmte Gruppen von Vereinbarungen, Beschlüssen und aufeinander abgestimmten Verhaltensweisen im Bereich der Versicherungswirtschaft (GruppenfreistellungsVO)

Vom 21. Dezember 1992 (ABl. Nr. L 398)

DIE KOMMISSION DER EUROPÄISCHEN GEMEIN-SCHAFTEN –

gestützt auf den Vertrag zur Gründung der Europäischen Wirtschaftsgemeinschaft,

gestützt auf die Verordnung (EWG) Nr. 1534/91 des Rates vom 31. Mai 1991 über die Anwendung von Artikel 85 Absatz 3 des Vertrages auf bestimmte Gruppen von Vereinbarungen, Beschlüssen und aufeinander abgestimmten Verhaltensweisen im Bereich der Versicherungswirtschaft[1],

nach Veröffentlichung des Verordnungsentwurfs[2],

nach Anhörung des Beratenden Ausschusses für Kartell- und Monopolfragen,

in Erwägung nachstehender Gründe:

(1) Verordnung (EWG) Nr. 1534/91[1] ermächtigt die Kommission, Artikel 85 Absatz 3 EWG-Vertrag[3] durch Verordnung im Bereich der Versicherungswirtschaft auf Gruppen von Vereinbarungen, Entscheidungen und aufeinander abgestimmte Verhaltensweisen der Versicherungswirtschaft anzuwenden, die folgendes zum Gegenstand haben: a) die Festsetzung gemeinsamer Risikoprämientarife, die auf gegenseitig abgestimmten Statistiken oder der Anzahl der Schadensfälle beruhen; b) die Erstellung von Mustern für allgemeine Versicherungsbedingungen; c) die gemeinsame Deckung bestimmter Arten von

---

[1] Nr. **10**.
[2] ABl. Nr. C 207 vom 14. 8. 1992, S. 2.
[3] Art. 85 EWG-Vertrag ist abgedruckt in Anm. [1] zu Nr. **10**.

Risiken; d) die Abwicklung von Schadensfällen; e) die Prüfung und Anerkennung von Sicherheitsvorkehrungen; f) die Erstellung von Verzeichnissen erhöhter Risiken und den Austausch der entsprechenden Informationen.

(2) Die Kommission hat bisher durch die Bearbeitung von Einzelfällen ausreichende Erfahrung erworben, um von der Ermächtigung bezüglich der in dieser Liste unter den Buchstaben a), b), c) und e) aufgeführten Sachverhalte Gebrauch machen zu können.

(3) In vielen Fällen geht die Zusammenarbeit der Versicherungsunternehmen in den oben genannten Sachverhalten über das hinaus, was in der Kooperationsbekanntmachung der Kommission[1] zugelassen worden ist und fällt unter das Verbot des Artikels 85 Absatz 1 EWG-Vertrag. Es sind daher die Wettbewerbsbeschränkungen, die in die vier von ihr abgedeckten Sachverhaltsgruppen aufgenommen werden können, zu beschreiben.

(4) Ferner müssen für jeden dieser vier Bereiche die Voraussetzungen festgelegt werden, die erfüllt sein müssen, damit er unter die Freistellung fällt. Diese Voraussetzungen müssen sicherstellen, daß die Zusammenarbeit zwischen den Versicherungsunternehmen mit Artikel 85 Absatz 3 EWG-Vertrag vereinbar ist und bleibt.

(5) Schließlich müssen für jeden dieser Sachverhalte die Voraussetzungen festgelegt werden, unter denen die Freistellung keine Anwendung findet. Hierzu müssen die Klauseln beschrieben werden, die in den unter die Verordnung fallenden Vereinbarungen nicht enthalten sein dürfen, weil sie den Beteiligten unverhältnismäßige Beschränkungen auferlegen; gleiches gilt für andere unter Artikel 85 Absatz 1 EWG-Vertrag fallende Beschränkungen, deren Vorteilhaftigkeit im Sinne von Artikel 85 Absatz 3 EWG-Vertrag nicht generell vermutet werden kann.

(6) Die Zusammenarbeit von Versicherungsunternehmen oder innerhalb von Unternehmensvereinigungen bei der Zusammenstellung von Statistiken, die sich erstrecken auf die Zahl der Schadensfälle, die Zahl der einzelnen versicherten Risiken, den Gesamtbetrag der zur Befriedigung

---

[1] ABl. Nr. C 75 vom 29. 7. 1968, S. 3; berichtigt im ABl. Nr. C 93 vom 18. 9. 1968, S. 3.

von Forderungen geleisteten Zahlungen und den Gesamtbetrag der Versicherungssummen, verbessert die Kenntnis
über die Risiken und erleichtert die Bewertung der Risiken
durch die einzelnen Versicherer. Dies gilt auch für deren
Auswertung zur Ermittlung unverbindlicher Nettoprämien oder, im Falle von Versicherungen, welche ein Kapitalisierungselement beinhalten, für die Erstellung von Tabellen über die Häufigkeit. Gemeinsame Studien über die
wahrscheinlichen Auswirkungen von außerhalb des Einflußbereichs der beteiligten Unternehmen liegenden Umständen, die sich auf die Häufigkeit oder das Ausmaß von
Schäden oder den Ertrag verschiedener Anlageformen beziehen, sollten ebenfalls ermöglicht werden. Es muß
gleichwohl sichergestellt werden, daß diese Wettbewerbsbeschränkungen nur in dem zur Erreichung der genannten
Ziele erforderlichen Umfang zugelassen werden. Es ist
deshalb festzulegen, daß abgestimmte Verhaltensweisen
über Bruttoprämien, d.h. Prämien, die den Versicherungsnehmern in Rechnung gestellt werden und die Ver-
waltungs-, Vertriebs- und andere Kosten, Sicherheitszuschläge oder Gewinnmargen beinhalten, nicht zulässig sind
und daß auch die Nettoprämien nur als Referenzwerte anzusehen sind.

(7) Muster allgemeiner Versicherungsbedingungen oder Mu-
ster-Vertragsbestimmungen für die Direktversicherung
sowie Mustermodelle zur Darstellung von Überschußbeteiligungen bei Lebensversicherungsverträgen haben den
Vorteil, daß sie die Vergleichbarkeit des Leistungsumfangs
durch den Versicherungsnehmer und eine einheitliche Ein-
teilung der Risiken erleichtern. Dennoch darf es hierdurch
nicht zu einer Standardisierung der Produkte oder zu einer
starken Bindung der Kunden kommen. Demgemäß sollte
die Freistellung nur unter der Voraussetzung Anwendung
finden, daß die Muster keinen verbindlichen Charakter haben und nur als unverbindliche Modelle dienen.

(8) Allgemeine Versicherungsbedingungen dürfen insbesondere keine systematischen Risikoausschlüsse enthalten ohne ausdrücklich darauf hinzuweisen, daß diese Risiken
durch Vereinbarung in die Deckung einbezogen werden
können; sie dürfen den Versicherungsnehmer nicht unverhältnismäßig lange binden und über den ursprünglichen

Zweck des Versicherungsvertrags hinausgehen. Dies gilt ungeachtet der auf Gemeinschafts- oder nationalem Recht beruhenden gesetzlichen Verpflichtungen.

(9) Außerdem ist festzulegen, daß diese allgemeinen Versicherungsbedingungen für alle interessierten Personen, insbesondere den Versicherungsnehmer, zugänglich sind, um auf diese Weise tatsächlich Transparenz sicherzustellen und um einen Vorteil für den Verbraucher herbeizuführen.

(10) Die Errichtung von Mitversicherungs- oder Mit-Rückversicherungsgemeinschaften zur Deckung einer unbestimmten Zahl von Risiken ist insofern positiv zu beurteilen, als hierdurch einer größeren Zahl von Versicherern der Marktzutritt ermöglicht wird und dadurch die Kapazität zur Deckung insbesondere von großen, selten auftretenden oder neuartigen Risiken erweitert wird.

(11) Um wirksamen Wettbewerb sicherzustellen, muß die Freistellung dieser Gemeinschaften davon abhängig gemacht werden, daß die Beteiligten auf dem relevanten Markt keinen Marktanteil haben, der einen bestimmten Prozentsatz übersteigt. Ein Prozentsatz von 15% erscheint für Mit-Rückversicherungsgemeinschaften angemessen. Dieser Prozentsatz ist bei Mitversicherungsgemeinschaften auf 10% zu senken. Grund hierfür ist, daß im Rahmen einer Mitversicherungsgemeinschaft einheitliche Versicherungsbedingungen und Bruttoprämien notwendig sind, wodurch der Rest-Wettbewerb zwischen den an einer Mitversicherungsgemeinschaft Beteiligten in besonderem Maße eingeschränkt ist. Bei der Deckung von Katastrophen- oder erschwerten Risiken kann hinsichtlich dieser Prozentsätze nur auf den Anteil der Gemeinschaft abgestellt werden.

(12) Hinsichtlich Mit-Rückversicherungsgemeinschaften wird auch die gemeinsame Festlegung der Risikoprämien erfaßt, die die wahrscheinlichen Kosten für die Deckung des Risikos mit einschließen. Ferner sollte eine Festlegung der Unkosten der Mit-Rückversicherungsgemeinschaft und die Vergütung der Beteiligten für die Gewährung des Rückversicherungsschutzes zugelassen werden.

(13) Im Falle beider Gemeinschaften ist es zulässig, die Deckung von Risiken, die in die Gemeinschaft eingebracht werden, von der Verwendung gemeinsamer oder geneh-

migter Versicherungsbedingungen abhängig zu machen, ferner vorzuschreiben, daß vor der Abwicklung aller bzw. großer Schäden die Zustimmung eingeholt werden muß, und daß nur gemeinsam über die Retrozession verhandelt und daß der Eigenbehalt nicht retrozediert werden darf. Im Gegensatz dazu darf nicht vorgeschrieben werden, daß alle Risiken in die Gemeinschaften einzubringen sind, da dies eine übermäßige Wettbewerbsbeschränkung zur Folge hätte.

(14) Nicht erfaßt sind Gemeinschaften, die ausschließlich aus Rückversicherern bestehen, weil hierüber keine ausreichenden Erfahrungen gesammelt werden konnten.

(15) Die neue Konzeption für die technische Harmonisierung und Normung, die der Rat in seiner Entschließung vom 7. Mai 1985[1] festgelegt hat und das globale Konzept für Zertifizierung und Prüfwesen gemäß der Mitteilung der Kommission an den Rat vom 15. Juni 1989[2], dem der Rat in seiner Entschließung vom 21. Dezember 1989[3] zugestimmt hat, sind wesentliche Elemente für das gute Funktionieren des Binnenmarktes. Diese Elemente sind insbesondere von Vorteil für den Wettbewerb, da er dann auf der Grundlage einheitlicher Qualitätskriterien in der ganzen Europäischen Gemeinschaft stattfinden kann.

(16) In der Absicht, diese „einheitlichen Qualitätskriterien" zu fördern, erlaubt die Kommission es den Versicherungsunternehmen, sich zusammenzufinden, um technische Spezifikationen und Regeln über die Prüfung und Abnahme von Sicherheitsvorkehrungen auszuarbeiten, wobei diese Kriterien, soweit möglich, auf europäischer Ebene einheitlich sein sollten. Dies wäre ein Fall praktischer Umsetzung dieser neuen Instrumente.

(17) Die Zusammenarbeit auf dem Gebiet der Prüfung von Sicherheitsvorkehrungen und von Installateur- und Wartungsunternehmen ist insofern zweckmäßig, als wiederholte Einzelzulassungsverfahren vermieden werden können. Demgemäß ist zu bestimmen, unter welchen Voraussetzungen die Festlegung technischer Spezifikationen und

---

[1] ABl. Nr. C 136 vom 4. 6. 1985, S. 1.
[2] ABl. Nr. C 267 vom 19. 10. 1989, S. 3.
[3] ABl. Nr. C 10 vom 16. 1. 1990, S. 1.

Verfahren zur Prüfung von solchen Sicherheitsvorkehrungen und Installateur- und Wartungsunternehmen zulässig
ist. Durch die Festlegung dieser Voraussetzungen soll sichergestellt werden, daß alle Hersteller, Installateur- und
Wartungsunternehmen die Zulassung beantragen können
und daß der Zulassung objektive und näher festgelegte
Kriterien zugrundegelegt werden.

(18) Diese Vereinbarungen dürfen nicht zur Aufstellung er-
schöpfender Listen führen und jedes Unternehmen muß
die Freiheit haben, eine nicht nach den gemeinsamen Regeln anerkannte Sicherheitseinrichtung oder Installateur-
oder Wartungsfirma zu akzeptieren.

(19) Sollten einzelne freigestellte Vereinbarungen Auswirkungen haben, die gegen Artikel 85 Absatz 3 EWG-Vertrag,
wie er insbesondere in der Verwaltungspraxis der Kommission und in den Entscheidungen des Gerichtshofes aus-
gelegt wird, verstoßen, so muß die Kommission die Möglichkeit haben, die Vorteile der Gruppenfreistellungsver-
ordnung zu entziehen. Dies gilt insbesondere, wenn die
Studien über die Auswirkungen zukünftiger Entwicklun-
gen auf nicht gerechtfertigte Annahmen gestützt werden,
wenn empfohlene allgemeine Versicherungsbedingungen
Klauseln enthalten, die zulasten des Versicherungsnehmers
ein erhebliches Ungleichgewicht zwischen den sich aus
dem Vertrag ergebenden Rechten und Pflichten zur Folge
haben, wenn Gemeinschaften dazu verwandt oder so geführt werden, daß eines oder mehrere der beteiligten Unternehmen die Möglichkeit erhalten, einen bestimmenden
Einfluß auf den relevanten Markt zu erlangen oder zu ver-
stärken, wenn Gemeinschaften zu einer Marktaufteilung
führen oder wenn die Versicherungsnehmer erhebliche
Schwierigkeiten haben, ein erschwertes Risiko außerhalb
einer Gemeinschaft zu versichern. Der zuletzt genannte
Sachverhalt dürfte normalerweise nicht vorliegen, wenn
eine Gemeinschaft weniger als 25% der betreffenden Risiken deckt.

(20) Freigestellte Vereinbarungen müssen nicht angemeldet
werden. In Zweifelsfällen können Unternehmen dennoch
ihre Vereinbarungen gemäß der Verordnung Nr. 17 des
Rates[1], zuletzt geändert durch die Akte über den Beitritt
Spaniens und Portugals, anmelden –

HAT FOLGENDE VERORDNUNG ERLASSEN:

Titel I. Allgemeine Vorschriften

Art. 1. Artikel 85 Absatz 1 des Vertrages wird gemäß Artikel 85 Absatz 3[2] unter den in dieser Verordnung genannten Voraussetzungen auf Vereinbarungen, Beschlüsse von Unternehmensvereinigungen und aufeinander abgestimmte Verhaltensweisen im Bereich der Versicherungswirtschaft für nicht anwendbar erklärt, die eine Zusammenarbeit zum Gegenstand haben bei:

a) der gemeinsamen Festsetzung von Risikoprämientarifen, die auf gegenseitig abgestimmten Statistiken oder der Anzahl der Schadensfälle beruhen;
b) der Erstellung von Mustern für allgemeine Versicherungsbedingungen;
c) der gemeinsamen Deckung bestimmter Arten von Risiken;
d) der gemeinsamen Aufstellung von Regeln für die Prüfung und Anerkennung von Sicherheitsvorkehrungen.

Titel II. Berechnung der Prämie

Art. 2. Die Freistellung im Sinne von Artikel 1 Buchstabe a) gilt für Vereinbarungen, Beschlüsse und aufeinander abgestimmte Verhaltensweisen, die sich erstrecken auf:

a) die Berechnung und Bekanntgabe der Durchschnittskosten für die Deckung der Risiken (Nettoprämien) oder, im Bereich der Versicherungen, welche ein Kapitalisierungselement beinhalten, die Aufstelllung und Bekanntgabe von Sterbetafeln und Tafeln über die Häufigkeit von Krankheiten, Invalidität und Unfällen; dies hat durch die Zusammenstellung von Daten zu erfolgen, die sich auf die als Beobachtungszeitraum gewählte Anzahl von Risiko-Jahren beziehen und die identische oder vergleichbare Risiken in ausreichender Zahl betreffen, damit eine statistisch auswertbare Größe entsteht und insbesondere folgendes beziffert werden kann:

---

[1] ABl. Nr. 13 vom 21. 2. 1962, S. 204/62.
[2] Art. 85 EWG-Vertrag ist abgedruckt in Anm. **1)** zu Nr. **10**.

171

- die Anzahl der Schadensfälle in dem genannten Zeitraum;
- die Anzahl der in dem Beobachtungszeitraum in jedem Risiko-Jahr versicherten einzelnen Risiken;
- die Gesamtheit der innerhalb dieses Zeitraums aufgrund der aufgetretenen Schadensfälle geleisteten oder geschuldeten Zahlungen;
- der Gesamtbetrag der Versicherungssummen pro Risiko-Jahr während des gewählten Beobachtungszeitraums;

b) die Durchführung und Bekanntgabe der Ergebnisse von Studien über die wahrscheinlichen Auswirkungen allgemeiner, außerhalb des Einflußbereichs der beteiligten Unternehmen liegender Umstände auf die Häufigkeit oder den Umfang von Schadensfällen oder auf den Ertrag von verschiedenen Anlageformen.

Art. 3. Die Freistellung gilt unter der Voraussetzung, daß:

a) die in Artikel 2 genannten Berechnungen, Tafeln und Studien mit dem ausdrücklichen Hinweis auf ihre Unverbindlichkeit aufgestellt und bekanntgegeben werden;

b) die in Artikel 2 Buchstabe a) genannten Berechnungen und Tabellen unter keinen Umständen die Sicherheitszuschläge, den Ertrag der Rückstellungen, die Verwaltungs- oder Vertriebskosten einschließlich der Vermittlerprovisionen, die Steuern oder sonstigen Abgaben oder den erwarteten Gewinn der teilnehmenden Unternehmen einschließen;

c) die in Artikel 2 genannten Berechnungen, Tafeln und Studien eine Identifizierung der beteiligten Unternehmen nicht ermöglichen.

Art. 4. Der Vorteil der Freistellung kommt nicht Unternehmen oder Unternehmensvereinigungen zugute, die sich abstimmen, verpflichten oder es anderen Unternehmen auferlegen, keine anderen Berechnungen oder Tabellen als die in Artikel 2 Buchstabe a) genannten zu verwenden oder nicht von den Schlußfolgerungen der Studien nach Artikel 2 Buchstabe b) abzuweichen.

Titel III. Muster allgemeiner Versicherungsbedingungen für die Direktversicherung

Art. 5. (1) Die Freistellung im Sinne von Artikel 1 Buchstabe b) gilt für Vereinbarungen, Beschlüsse und aufeinander abgestimmte Verhaltensweisen, welche die Aufstellung und Bekanntgabe von Mustern allgemeiner Versicherungsbedingungen für die Direktversicherung zum Gegenstand haben.

(2) Die Freistellung gilt auch für Vereinbarungen, Beschlüsse und aufeinander abgestimmte Verhaltensweisen, die die Aufstellung und Bekanntgabe von einheitlichen Modellen zur Darstellung von Überschußbeteiligungen eines ein Kapitalisierungselement beinhaltenden Versicherungsvertrages zum Gegenstand haben.

Art. 6. (1) Die Freistellung gilt unter der Voraussetzung, daß die in Artikel 5 Absatz 1 genannten allgemeinen Versicherungsbedingungen:
a) mit dem ausdrücklichen Hinweis auf ihre Unverbindlichkeit aufgestellt und bekanntgegeben werden;
b) ausdrücklich auf die Möglichkeit der Vereinbarung abweichender Klauseln hinweisen;
c) für jede interessierte Person zugänglich sind und auf einfache Anfrage hin übermittelt werden.

(2) Die Freistellung gilt unter der Voraussetzung, daß die Modelle nach Artikel 5 Absatz 2 lediglich in unverbindlicher Form aufgestellt und bekanntgegeben werden.

Art. 7. (1) Die Freistellung gilt nicht, wenn in den in Artikel 5 Absatz 1 genannten allgemeinen Versicherungsbedingungen Klauseln enthalten sind, die:
a) die Deckung von Schäden aufgrund bestimmter Ereignisse ausschließen, obwohl diese Schäden der in Frage stehenden Risikosparte zuzuordnen sind, ohne gleichzeitig ausdrücklich darauf hinzuweisen, daß es jedem Versicherer freigestellt ist, die Deckung auf diese Schäden auszudehnen;
b) die die Deckung bestimmter Risiken von bestimmten Voraussetzungen abhängig machen, ohne ausdrücklich darauf hinzuweisen, daß jeder Versicherer hierauf verzichten kann;

173

c) eine globale Deckung für Risiken vorsehen, denen eine große Anzahl von Versicherungsnehmern nicht gleichzeitig ausgesetzt ist, ohne ausdrücklich darauf hinzuweisen, daß jeder
Versicherer die Freiheit besitzt, getrennte Deckungen anzu-
bieten;

d) Angaben über die Versicherungssummen oder Selbstbehalts-
beträge enthalten;

e) dem Versicherer das Recht einräumen, den Vertrag fortzusetzen, obwohl er den Deckungsumfang einschränkt, obwohl er – unbeschadet etwaiger Indexierungsklauseln – die
Prämie ohne Änderung des Risikos oder Ausdehnung des
Leistungsumfangs erhöht, oder obwohl er die Vertragsbedingungen ändert, ohne daß der Versicherungsnehmer dem
ausdrücklich zugestimmt hat;

f) dem Versicherer das Recht zur Änderung der Vertragsdauer
einräumen, ohne daß der Versicherungsnehmer dem ausdrücklich zugestimmt hat;

g) dem Versicherungsnehmer, außer im Bereich der Lebensversicherung, eine Versicherungsdauer von mehr als drei Jahren
auferlegen;

h) im Falle der Vereinbarung einer stillschweigenden Vertrags-
verlängerung mangels vorheriger Kündigung, eine Vertrags-
verlängerung für mehr als jeweils ein Jahr vorsehen;

i) dem Versicherungsnehmer auferlegen, im Falle der Suspen-
dierung eines Vertrages wegen Wegfalls des versicherten Interesses das Wiederaufleben des Vertrages zu akzeptieren,
sobald der Versicherungsnehmer erneut einem derartigen Risiko ausgesetzt ist;

j) dem Versicherungsnehmer auferlegen, unterschiedliche Risiken bei demselben Versicherer zu versichern;

k) dem Versicherungsnehmer auferlegen, bei der Übertragung
des versicherten Gegenstandes für die Übernahme des bestehenden Versicherungsvertrages durch den Erwerber Sorge
zu tragen.

(2) Der Vorteil der Freistellung erstreckt sich nicht auf Unternehmen oder Unternehmensvereinigungen, die sich abstimmen, verpflichten oder es anderen Unternehmen auferlegen,
von der Verwendung anderer Versicherungsbedingungen als
den in Artikel 5 Absatz 1 genannten Musterbedingungen abzu-
sehen.

Art. 8. Ungeachtet der Möglichkeit, besondere Versicherungsbedingungen für bestimmte soziale oder berufliche Bevölkerungsgruppen aufzustellen, gilt die Freistellung nicht für Vereinbarungen, Beschlüsse und aufeinander abgestimmte Verhaltensweisen, durch die die Deckung bestimmter Risikokategorien im Hinblick auf Besonderheiten des Versicherungsnehmers ausgeschlossen wird.

Art. 9. (1) Die Freistellung gilt nicht, wenn, unbeschadet gesetzlicher Verpflichtungen, die in Artikel 5 Absatz 2 genannten Modelle, soweit es um Zinssätze geht, lediglich bestimmte Beträge oder eine bezifferte Angabe über die Verwaltungskosten enthalten.

(2) Der Vorteil der Freistellung erstreckt sich nicht auf Unternehmen oder Unternehmensvereinigungen, die sich abstimmen oder sich verpflichten oder es anderen Unternehmen auferlegen, keine anderen Berechnungsmodelle über Überschußbeteiligungen im Bereich der Versicherungen zu verwenden, als die in Artikel 5 Absatz 2 genannten.

Titel IV. Gemeinsame Deckung bestimmter Arten von Risiken

Art. 10. (1) Die Freistellung im Sinne von Artikel 1 Buchstabe c) gilt für Vereinbarungen, welche die Bildung und die Tätigkeit von Gemeinschaften von Versicherungsunternehmen oder von Versicherungsunternehmen und Rückversicherungsunternehmen mit dem Ziel der gemeinsamen Abdeckung bestimmter Risikosparten, sei es in der Form einer Mitversicherungs- oder der einer Mit-Rückversicherungsgemeinschaft, zum Gegenstand haben.

(2) Für die Anwendung dieser Verordnung gilt:
a) Mitversicherungsgemeinschaften bestehen aus Versicherungsunternehmen, welche
 – sich verpflichten, im Namen und für Rechnung aller beteiligten Unternehmen Versicherungsverträge für eine bestimmte Risikosparte abzuschließen, oder
 – den Abschluß und die Abwicklung der Versicherung einer bestimmten Risikoart durch eines der beteiligten Unter-

nehmen, einen gemeinsamen Makler oder eine zu diesem Zweck geschaffene gemeinsame Organisation in ihrem Namen und für ihre Rechnung vornehmen lassen.

b) Mit-Rückversicherungsgemeinschaften bestehen aus Versicherungsunternehmen, gegebenenfalls unter Beteiligung eines oder mehrerer Rückversicherungsunternehmen, die
  – wechselseitig alle oder Teile ihrer Verpflichtungen betreffend eine bestimmte Risikoart rückversichern;
  – nebenbei für dieselbe Risikoart Rückversicherungsschutz im Namen und für Rechnung aller beteiligten Unternehmen anbieten.

(3) Die in Absatz 1 genannten Vereinbarungen können festlegen:
a) die Art und die Charakteristiken der Risiken, welche den Gegenstand der Mitversicherungs- oder der Mit-Rückversicherungsgemeinschaft bilden;
b) die Voraussetzungen für die Aufnahme in die Gemeinschaft;
c) den Eigenanteil der Versicherer im Hinblick auf die mit- oder mitrückversicherten Risiken;
d) die Bedingungen für das Ausscheiden eines beteiligten Unternehmens aus der Gemeinschaft;
e) die Regeln über die Funktionsweise und die Verwaltung der Gemeinschaft.

(4) Darüber hinaus kann in den in Absatz 2 Buchstabe b) genannten Vereinbarungen folgendes festgelegt werden:
a) der nicht in die Mit-Rückversicherungsgemeinschaft einzubringende Teil der gedeckten Risiken (individueller Selbstbehalt);
b) die Verteilung der Kosten der Mit-Rückversicherung, d. h. der Funktionskosten der Gemeinschaft und des Entgelts der beteiligten Unternehmen für ihre Tätigkeit als gegenseitige Mit-Rückversicherer.

Art. 11. (1) Die Freistellung gilt unter der Voraussetzung, daß:
a) die von den beteiligten Unternehmen oder für ihre Rechnung angebotenen Versicherungsprodukte auf keinem relevanten Markt:
  – im Falle von Mitversicherungsgemeinschaften mehr als 10% des Marktes für identische oder – im Hinblick auf die

gedeckten Risiken und angebotenen Leistungen – vergleichbare Versicherungsprodukte ausmachen;
– im Falle von Mit-Rückversicherungsgemeinschaften mehr als 15% des Marktes für identische oder – im Hinblick auf die gedeckten Risiken und angebotenen Leistungen – vergleichbare Versicherungsprodukte ausmachen;
b) jedes beteiligte Unternehmen das Recht hat, spätestens sechs Monate nach einer Kündigung aus der Gemeinschaft auszuscheiden, ohne daß dies Sanktionen zur Folge hat.

(2) Abweichend von Absatz 1 ist es zulässig, für die Ermittlung der Prozentsätze von 10% oder von 15% nur auf die in die Gemeinschaft eingebrachten Produkte abzustellen, wobei die nicht in die Gemeinschaft eingebrachten identischen oder vergleichbaren Versicherungsprodukte außer Betracht bleiben, sofern die Gemeinschaft folgendes deckt:
– Katastrophenrisiken, bei denen Schäden sowohl selten auftreten als auch ein großes Ausmaß haben;
oder
– erschwerte Risiken, bei denen aufgrund der Eigenschaften des versicherten Risikos die Schadenshäufigkeit erhöht ist.
Die Anwendbarkeit dieser Ausnahmeregelung hängt von folgenden Voraussetzungen ab:
– keines der betroffenen Unternehmen darf an einer anderen Gemeinschaft beteiligt sein, die Risiken auf demselben Markt deckt;
– im Falle der Deckung erschwerter Risiken durch die Gemeinschaft dürfen höchstens 15% aller identischen oder vergleichbaren Produkte, die durch die beteiligten Unternehmen oder für ihre Rechnung auf dem betroffenen Markt gezeichnet wurden, in die Gemeinschaft eingebracht werden.

Art. 12. Den an einer Mitversicherungsgemeinschaft beteiligten Unternehmen dürfen außer den in Artikel 10 genannten Verpflichtungen keine anderen Wettbewerbsbeschränkungen auferlegt werden als:
a) die Verpflichtung, um den Mitversicherungsschutz der Gemeinschaft in Anspruch nehmen zu können;
    – Sicherheitsmaßnahmen zu berücksichtigen;
    – die allgemeinen oder besonderen Versicherungsbedingungen, die die Gemeinschaft gebilligt hat, zu verwenden;

    – die von der Gemeinschaft beschlossenen Brutto-Prämien zu verwenden;

b) die Verpflichtung, die Regelung der Schadensabwicklung eines mitversicherten Risikos von der Zustimmung der Gemeinschaft abhängig zu machen;

c) die Verpflichtung, der Gemeinschaft das Aushandeln von Rückversicherungsverträgen für gemeinsame Rechnung zu überlassen;

d) das Verbot der Rückversicherung des individuellen Eigenanteils am mitversicherten Risiko.

Art. 13. Den an einer Mit-Rückversicherungsgemeinschaft beteiligten Unternehmen dürfen außer den in Artikel 10 genannten Verpflichtungen keine anderen Wettbewerbsbeschränkungen auferlegt werden als:

a) die Verpflichtung, um den Mit-Rückversicherungsschutz der Gemeinschaft in Anspruch nehmen zu können,

    – Sicherheitsmaßnahmen zu berücksichtigen;

    – die allgemeinen oder besonderen Versicherungsbedingungen, die die Gemeinschaft gebilligt hat, zu verwenden;

    – für die Erstversicherung die gemeinsamen Risikoprämientarife zu verwenden, die im Hinblick auf die wahrscheinlichen Kosten der Deckung der Risiken durch die Gemeinschaft berechnet worden sind, oder, falls ausreichende Erfahrungen zur Festsetzung eines solchen Tarifs nicht vorhanden sind, eine Risikoprämie zugrunde zu legen, der die Gemeinschaft zugestimmt hat oder

    – sich an den Unkosten der Mit-Rückversicherungsgemeinschaft zu beteiligen;

b) die Verpflichtung, entweder die Zustimmung der Gemeinschaft zur Schadenabwicklung bei Schäden einzuholen, die mit-rückversichert sind und die einen bestimmten Betrag übersteigen, oder die Schadensabwicklung der Gemeinschaft zu überlassen;

c) die Verpflichtung, das Aushandeln von Retrozessionsverträgen für gemeinsame Rechnung der Gemeinschaft zu überlassen;

d) das Verbot, den individuellen Selbstbehalt rückzuversichern oder den indiduellen Eigenanteil zu retrozedieren.

Titel V. Sicherheitsvorkehrungen

Art. 14. Die Freistellung im Sinne von Artikel 1 Buchstabe d)
gilt für Vereinbarungen, Beschlüsse und aufeinander abgestimmte Verhaltensweisen, die sich beziehen auf die Aufstellung, Anerkennung und Bekanntgabe
– von technischen Spezifikationen, insbesondere derjenigen,
  die dazu bestimmt sind, europäische Normen zu werden,
  sowie von Verfahrensvorschriften für die Prüfung und Bescheinigung der Konformität bezüglich Sicherheitsvorkehrungen, bezüglich ihrer Installation und ihrer Wartung;
– von Richtlinien für die Prüfung und Anerkennung von In-
  stallateur- oder Wartungsunternehmen.

Art. 15. Die Freistellung gilt unter der Voraussetzung, daß:
a) die technischen Spezifikationen und die Regelungen über
   Prüfverfahren hinreichend präzise, technisch gerechtfertigt
   und verhältnismäßig im Hinblick auf die von der betreffenden Sicherheitsvorkehrung zu erbringende Leistung sind;
b) die Richtlinien für die Prüfung von Installateur- oder Wartungsunternehmen sich auf die berufliche Qualifikation beziehen sowie objektiv und diskriminierungsfrei sind;
c) die Spezifikationen und Richtlinien mit dem ausdrücklichen
   Hinweis darauf aufgestellt und bekanntgegeben werden, daß
   sie unverbindlich sind und daß die Versicherer auch andere
   Sicherheitsvorkehrungen oder Installateur- oder Wartungsunternehmen akzeptieren können, die diesen technischen
   Spezifikationen oder Richtlinien nicht entsprechen;
d) die Spezifikationen und Richtlinien jeder interessierten Person auf einfache Anforderung hin übermittelt werden;
e) die Spezifikationen eine Klassifizierung enthalten, die sich
   auf das erzielte Leistungsniveau bezieht;
f) ein Antrag auf Prüfung jederzeit von jedem Antragsteller
   gestellt werden kann;
g) die Prüfung für den Antragsteller keine Kosten verursacht,
   die im Hinblick auf die mit der Prüfung verbundenen Unkosten als unverhältnismäßig anzusehen sind;
h) für Sicherheitsvorkehrungen und für Installateur- oder Wartungsunternehmen, welche die Prüfungskriterien erfüllen,
   innerhalb einer Frist von sechs Monaten nach Einreichung

des Antrags eine Bescheinigung ausgestellt wird, außer wenn technische Gründe eine längere Frist rechtfertigen;
i) die Konformität und die Anerkennung schriftlich bescheinigt wird;
j) die Verweigerung der Bescheinigung schriftlich begründet wird, unter Beifügung einer Ausfertigung der Protokolle über die vorgenommenen Versuche und Kontrollen;
k) die Zurückweisung eines Antrages auf Prüfung schriftlich begründet wird;
l) die Spezifikationen und Richtlinien nur von Stellen angewendet werden, die den einschlägigen Vorschriften der Normen der Serie EN 45000 entsprechen.

Titel VI. Verschiedene Vorschriften

Art. 16. (1) Die Vorschriften dieser Verordnung gelten auch dann, wenn die beteiligten Unternehmen Rechte und Pflichten für die mit ihnen verbundenen Unternehmen begründen. Marktanteile, Rechtshandlungen und Verhaltensweisen der verbundenen Unternehmen sind den beteiligten Unternehmen zuzurechnen.

(2) Verbundene Unternehmen im Sinne dieser Verordnung sind:
a) die Unternehmen, bei denen ein beteiligtes Unternehmen unmittelbar oder mittelbar
   – mehr als die Hälfte des Kapitals oder des Betriebsvermögens besitzt oder
   – über mehr als die Hälfte der Stimmrechte verfügt oder
   – mehr als die Hälfte der Mitglieder des Aufsichtsrats oder der zur gesetzlichen Vertretung berufenen Organe bestellen kann oder
   – das Recht hat, die Geschäfte des Unternehmens zu führen;
b) die Unternehmen, die bei einem der beteiligten Unternehmen unmittelbar oder mittelbar die unter Buchstabe a) bezeichneten Rechte oder Einflußmöglichkeiten haben;
c) die Unternehmen, bei denen ein oben unter Buchstabe b) genanntes Unternehmen unmittelbar oder mittelbar die unter Buchstabe a) bezeichneten Rechte oder Einflußmöglichkeiten hat.

(3) Unternehmen, bei denen mehrere beteiligte Unternehmen oder mit ihnen verbundene Unternehmen jeweils gemeinsam, unmittelbar oder mittelbar, die in Absatz 2 Buchstabe a) genannten Rechte oder Einflußmöglichkeiten haben, gelten als mit jedem dieser beteiligten Unternehmen verbunden.

Art. 17. Die Kommission kann gemäß Artikel 7 der Verordnung (EWG) Nr. 1534/91 des Rates den Vorteil der Anwendung dieser Verordnung entziehen, wenn sie in einem Einzelfall feststellt, daß eine nach dieser Verordnung freigestellte Vereinbarung, Entscheidung oder aufeinander abgestimmte Verhaltensweise gleichwohl Wirkungen hat, die mit den in Artikel 85 Absatz 3 des Vertrages genannten Voraussetzungen unvereinbar sind, insbesondere dann,
– wenn in den Fällen des Titels II die Studien auf nicht zu rechtfertigenden Annahmen beruhen;
– wenn in den Fällen des Titels III die allgemeinen Versicherungsbedingungen Klauseln enthalten, die nicht in der Liste des Artikel 7 Absatz 1 aufgezählt sind und die zu Lasten des Versicherungsnehmers ein erhebliches Ungleichgewicht zwischen den sich aus dem Vertrag ergebenden Rechten und Pflichten zur Folge haben;
– wenn in den Fällen des Titels IV:
 a) die an einer Gemeinschaft beteiligten Unternehmen angesichts der Natur, der Charakteristika und des Umfangs der betroffenen Risiken keine besonderen Schwierigkeiten antreffen würden, um auf dem relevanten Markt ohne Beteiligung an einer Gemeinschaft tätig zu werden;
 b) eines oder mehrere der an einer Gemeinschaft beteiligten Unternehmen einen bestimmenden Einfluß auf die Geschäftspolitik mehrerer Gemeinschaften auf demselben Markt ausüben;
 c) die Errichtung oder Tätigkeit einer Gemeinschaft geeignet ist, durch die Zulassungsvoraussetzungen, die Bestimmung der zu deckenden Risiken, die Retrozessionsverträge oder in sonstiger Weise zu einer Marktaufteilung bei den betreffenden oder ähnlichen Versicherungsprodukten zu führen;
 d) eine Gemeinschaft, auf die die Regelungen des Artikels 11 Absatz 2 Anwendung finden, hinsichtlich der Deckung er-

schwerter Risiken eine derartige Stellung einnimmt, daß die Versicherungsnehmer erhebliche Schwierigkeiten haben, außerhalb dieser Gemeinschaft eine Deckung zu finden.

Art. 18. (1) Für Vereinbarungen, die am 13. März 1962 bestanden und die vor dem 1. Februar 1963 angemeldet wurden, sowie für Vereinbarungen im Sinne von Artikel 4 Absatz 2 Ziffer 1 der Verordnung Nr. 17 – ob angemeldet oder nicht – gilt die in dieser Verordnung erklärte Nichtanwendbarkeit des Artikels 85 Absatz 1 EWG-Vertrag rückwirkend von dem Zeitpunkt an, in dem die Voraussetzungen der Anwendung dieser Verordnung erfüllt waren.

(2) Für alle übrigen vor dem Inkrafttreten dieser Verordnung angemeldeten Vereinbarungen gilt die in dieser Verordnung erklärte Nichtanwendbarkeit des Artikels 85 Absatz 1 EWG-Vertrag rückwirkend von dem Zeitpunkt an, in dem die Voraussetzungen der Anwendung dieser Verordnung erfüllt waren, jedoch frühestens vom Tag der Anmeldung an.

Art. 19. Werden Vereinbarungen, die am 13. März 1962 bestanden und vor dem 1. Februar 1963 angemeldet wurden, oder Vereinbarungen im Sinne von Artikel 4 Absatz 2 Ziffer 1 der Verordnung Nr. 17, die vor dem 1. Januar 1967 angemeldet wurden, vor dem 31. Dezember 1993 dahin abgeändert, daß sie die in dieser Verordnung genannten Voraussetzungen erfüllen, und wird die Änderung der Kommission vor dem 1. April 1994 mitgeteilt, so gilt das Verbot des Artikels 85 Absatz 1 EWG-Vertrag für den Zeitraum vor der Änderung nicht. Die Mitteilung wird zum Zeitpunkt des Eingangs bei der Kommission wirksam. Im Fall der Aufgabe zur Post als eingeschriebener Brief gilt das Datum des Poststempels des Aufgabeorts als Tag des Eingangs.

Art. 20. (1) Für Vereinbarungen, die infolge des Beitritts des Vereinigten Königreichs, Irlands und Dänemarks in den Anwendungsbereich von Artikel 85 EWG-Vertrag fallen, gelten die Artikel 18 und 19 mit der Maßgabe, daß an die Stelle des 13. März 1962 der 1. Januar 1973 und an die Stelle des 1. Februar 1963 und des 1. Januar 1967 der 1. Juli 1973 tritt.

(2) Für Vereinbarungen, die infolge des Beitritts Griechen-
lands in den Anwendungsbereich von Artikel 85 EWG-Vertrag
fallen, gelten die Artikel 18 und 19 mit der Maßgabe, daß an die
Stelle des 13. März 1962 der 1. Januar 1981 und an die Stelle des
1. Februar 1963 und des 1. Januar 1967 der 1. Juli 1981 tritt.

(3) Für Vereinbarungen, die infolge des Beitritts Spaniens
und Portugals in den Anwendungsbereich von Artikel 85
EWG-Vertrag fallen, gelten die Artikel 18 und 19 mit der Maßgabe, daß an die Stelle des 13. März 1962 der 1. Januar 1986 und
an die Stelle des 1. Februar 1963 und des 1. Januar 1967 der
1. Juli 1986 tritt.

Art. 21. Diese Verordnung tritt am 1. April 1993 in Kraft.
Sie gilt bis zum 31. März 2003.

12. Gesetz zur Regelung des Rechts der Allgemeinen Geschäftsbedingungen (AGB-Gesetz)

Vom 9. Dezember 1976 (BGBl. I S. 3317)

Geändert durch Art. 2 Abs. 10 des 14. VAGÄndG v. 29. 3. 1983 (BGBl. I S. 377), Art. 6 § 2 Gesetz zur Neuregelung des Internationalen Privatrechts v. 25. 7. 1986 (BGBl. I S. 1142), Art. 4 Abs. 8 Poststrukturgesetz v. 8. 6. 1989 (BGBl. I S. 1026), Art. 2 Fünftes Gesetz zur Änderung des Gesetzes gegen Wettbewerbsbeschränkungen v. 22. 12. 1989 (BGBl. I S. 2486), Art. 9 Kosten-rechtsänderungsgesetz 1994 vom 24. 6. 1994 (BGBl. I S. 1325), Gesetz vom 21. 7. 1994 (BGBl. I S. 1630) und Gesetz vom 2. 9. 1994 (BGBl. I S. 2278)

BGBl. III 402-28

(Auszug)

Erster Abschnitt. Sachlich-rechtliche Vorschriften

1. Unterabschnitt. Allgemeine Vorschriften

§ 1 Begriffsbestimmung. (1) [1]Allgemeine Geschäftsbedingungen sind alle für eine Vielzahl von Verträgen vorformulierten Vertragsbedingungen, die eine Vertragspartei (Verwender) der anderen Vertragspartei bei Abschluß eines Vertrages stellt. [2]Gleichgültig ist, ob die Bestimmungen einen äußerlich gesonderten Bestandteil des Vertrages bilden oder in die Vertragsurkunde selbst aufgenommen werden, welchen Umfang sie haben, in welcher Schriftart sie verfaßt sind und welche Form der Vertrag hat.

(2) Allgemeine Geschäftsbedingungen liegen nicht vor, soweit die Vertragsbedingungen zwischen den Vertragsparteien im einzelnen ausgehandelt sind.

§ 2 Einbeziehung in den Vertrag. (1) Allgemeine Geschäftsbedingungen werden nur dann Bestandteil eines Vertrages, wenn der Verwender bei Vertragsabschluß
1. die andere Vertragspartei ausdrücklich oder, wenn ein ausdrücklicher Hinweis wegen der Art des Vertragsabschlusses nur unter unverhältnismäßigen Schwierigkeiten möglich ist,

durch deutlich sichtbaren Aushang am Ort des Vertragsabschlusses auf sie hinweist und
2. der anderen Vertragspartei die Möglichkeit verschafft, in zu-
   mutbarer Weise von ihrem Inhalt Kenntnis zu nehmen,
und wenn die andere Vertragspartei mit ihrer Geltung einver-
standen ist.

(2) Die Vertragsparteien können für eine bestimmte Art von
Rechtsgeschäften die Geltung bestimmter Allgemeiner Geschäftsbedingungen unter Beachtung der in Absatz 1 bezeichneten Erfordernisse im voraus vereinbaren.

§ 3 Überraschende Klauseln. Bestimmungen in Allgemeinen Geschäftsbedingungen, die nach den Umständen, insbesondere nach dem äußeren Erscheinungsbild des Vertrags, so
ungewöhnlich sind, daß der Vertragspartner des Verwenders
mit ihnen nicht zu rechnen braucht, werden nicht Vertragsbestandteil.

§ 4 Vorrang der Individualabrede. Individuelle Vertrags-
abreden haben Vorrang vor Allgemeinen Geschäftsbedingungen.

§ 5 Unklarheitsregel. Zweifel bei der Auslegung Allgemeiner Geschäftsbedingungen gehen zu Lasten des Verwenders.

**§ 6 Rechtsfolgen bei Nichteinbeziehung und Unwirk-
samkeit.** (1) Sind Allgemeine Geschäftsbedingungen ganz oder
teilweise nicht Vertragsbestandteil geworden oder unwirksam,
so bleibt der Vertrag im übrigen wirksam.

(2) Soweit die Bestimmungen nicht Vertragsbestandteil geworden oder unwirksam sind, richtet sich der Inhalt des Vertrages nach den gesetzlichen Vorschriften.

(3) Der Vertrag ist unwirksam, wenn das Festhalten an ihm
auch unter Berücksichtigung der nach Absatz 2 vorgesehenen
Änderung eine unzumutbare Härte für eine Vertragspartei dar-
stellen würde.

§ 7 Umgehungsverbot. Dieses Gesetz findet auch Anwendung, wenn seine Vorschriften durch anderweitige Gestaltun-
gen umgangen werden.

2. Unterabschnitt. Unwirksame Klauseln

§ 8 Schranken der Inhaltskontrolle. Die §§ 9 bis 11 gelten nur für Bestimmungen in Allgemeinen Geschäftsbedingungen, durch die von Rechtsvorschriften abweichende oder diese ergänzende Regelungen vereinbart werden.

§ 9 Generalklausel. (1) Bestimmungen in Allgemeinen Geschäftsbedingungen sind unwirksam, wenn sie den Vertragspartner des Verwenders entgegen den Geboten von Treu und Glauben unangemessen benachteiligen.

(2) Eine unangemessene Benachteiligung ist im Zweifel anzunehmen, wenn eine Bestimmung

1. mit wesentlichen Grundgedanken der gesetzlichen Regelung, von der abgewichen wird, nicht zu vereinbaren ist, oder
2. wesentliche Rechte oder Pflichten, die sich aus der Natur des Vertrages ergeben, so einschränkt, daß die Erreichung des Vertragszwecks gefährdet ist.

§ 10 Klauselverbote mit Wertungsmöglichkeit. In Allgemeinen Geschäftsbedingungen ist insbesondere unwirksam

1. (Annahme- und Leistungsfrist)
   eine Bestimmung, durch die sich der Verwender unangemessen lange oder nicht hinreichend bestimmte Fristen für die Annahme oder Ablehnung eines Angebots oder die Erbringung einer Leistung vorbehält;
2. (Nachfrist)
   eine Bestimmung, durch die sich der Verwender für die von ihm zu bewirkende Leistung entgegen § 326 Abs. 1 des Bürgerlichen Gesetzbuchs eine unangemessen lange oder nicht hinreichend bestimmte Nachfrist vorbehält;
3. (Rücktrittsvorbehalt)
   die Vereinbarung eines Rechts des Verwenders, sich ohne sachlich gerechtfertigten und im Vertrag angegebenen Grund von seiner Leistungspflicht zu lösen; dies gilt nicht für Dauerschuldverhältnisse;
4. (Änderungsvorbehalt)
   die Vereinbarung eines Rechts des Verwenders, die versprochene Leistung zu ändern oder von ihr abzuweichen, wenn nicht die Vereinbarung der Änderung oder Abweichung un-

ter Berücksichtigung der Interessen des Verwenders für den
anderen Vertragsteil zumutbar ist;

5. (Fingierte Erklärungen)
   eine Bestimmung, wonach eine Erklärung des Vertragspartners des Verwenders bei Vornahme oder Unterlassung einer
   bestimmten Handlung als von ihm abgegeben oder nicht
   abgegeben gilt, es sei denn, daß
   a) dem Vertragspartner eine angemessene Frist zur Abgabe
      einer ausdrücklichen Erklärung eingeräumt ist und
   b) der Verwender sich verpflichtet, den Vertragspartner bei
      Beginn der Frist auf die vorgesehene Bedeutung seines
      Verhaltens besonders hinzuweisen;

6. (Fiktion des Zugangs)
   eine Bestimmung, die vorsieht, daß eine Erklärung des Verwenders von besonderer Bedeutung dem anderen Vertragsteil als zugegangen gilt;

7. (Abwicklung von Verträgen)
   eine Bestimmung, nach der der Verwender für den Fall, daß
   eine Vertragspartei vom Vertrage zurücktritt oder den Vertrag kündigt,
   a) eine unangemessen hohe Vergütung für die Nutzung oder
      den Gebrauch einer Sache oder eines Rechts oder für er-
      brachte Leistungen oder
   b) einen unangemessen hohen Ersatz von Aufwendungen
      verlangen kann;

8.[1] *(aufgehoben)*

§ 11 Klauselverbote ohne Wertungsmöglichkeit.[2] In All-
gemeinen Geschäftsbedingungen ist unwirksam

1. (Kurzfristige Preiserhöhungen)
   eine Bestimmung, welche die Erhöhung des Entgelts für
   Waren oder Leistungen vorsieht, die innerhalb von vier
   Monaten nach Vertragsabschluß geliefert oder erbracht
   werden sollen; dies gilt nicht bei Waren oder Leistungen,
   die im Rahmen von Dauerschuldverhältnissen geliefert oder
   erbracht werden;

2. (Leistungsverweigerungsrechte)
   eine Bestimmung, durch die

---

[1] § 10 Nr. 8 aufgeh. durch G v. 25. 7. 1986 (BGBl. I S. 1142).
[2] § 11 Nr. 1 geänd. durch G v. 22. 12. 1989 (BGBl. I S. 2486).

  a) das Leistungsverweigerungsrecht, das dem Vertrags-
    partner des Verwenders nach § 320 des Bürgerlichen Ge-
    setzbuchs zusteht, ausgeschlossen oder eingeschränkt
    wird, oder

  b) ein dem Vertragspartner des Verwenders zustehendes
    Zurückbehaltungsrecht, soweit es auf demselben Ver-
    tragsverhältnis beruht, ausgeschlossen oder einge-
    schränkt, insbesondere von der Anerkennung von Män-
    geln durch den Verwender abhängig gemacht wird;

3. (Aufrechnungsverbot)
  eine Bestimmung, durch die dem Vertragspartner des Verwenders die Befugnis genommen wird, mit einer unbestrit-
  tenen oder rechtskräftig festgestellten Forderung aufzurech-
  nen;

4. (Mahnung, Fristsetzung)
  eine Bestimmung, durch die der Verwender von der gesetzlichen Obliegenheit freigestellt wird, den anderen Vertragsteil zu mahnen oder ihm eine Nachfrist zu setzen;

5. (Pauschalierung von Schadensersatzansprüchen)
  die Vereinbarung eines pauschalierten Anspruchs des Verwenders auf Schadensersatz oder Ersatz einer Wertminderung, wenn

  a) die Pauschale den in den geregelten Fällen nach dem ge-
    wöhnlichen Lauf der Dinge zu erwartenden Schaden
    oder die gewöhnlich eintretende Wertminderung über-
    steigt, oder

  b) dem anderen Vertragsteil der Nachweis abgeschnitten
    wird, ein Schaden oder eine Wertminderung sei über-
    haupt nicht entstanden oder wesentlich niedriger als die
    Pauschale;

6. (Vertragsstrafe)
  eine Bestimmung, durch die dem Verwender für den Fall
  der Nichtabnahme oder verspäteten Abnahme der Leistung, des Zahlungsverzugs oder für den Fall, daß der andere Vertragsteil sich vom Vertrag löst, Zahlung einer Vertragsstrafe versprochen wird;

7. (Haftung bei grobem Verschulden)
  ein Ausschluß oder eine Begrenzung der Haftung für einen
  Schaden, der auf einer grob fahrlässigen Vertragsverletzung
  des Verwenders oder auf einer vorsätzlichen oder grob fahrlässigen Vertragsverletzung eines gesetzlichen Vertreters

oder Erfüllungsgehilfen des Verwenders beruht; dies gilt auch für Schäden aus der Verletzung von Pflichten bei den Vertragsverhandlungen;

8. (Verzug, Unmöglichkeit)
   eine Bestimmung, durch die für den Fall des Leistungsverzugs des Verwenders oder der von ihm zu vertretenden Unmöglichkeit der Leistung
   a) das Recht des anderen Vertragsteils, sich vom Vertrag zu lösen, ausgeschlossen oder eingeschränkt oder
   b) das Recht des anderen Vertragsteils, Schadensersatz zu verlangen, ausgeschlossen oder entgegen Nummer 7 eingeschränkt wird;

9. (Teilverzug, Teilunmöglichkeit)
   eine Bestimmung, die für den Fall des teilweisen Leistungsverzugs des Verwenders oder bei von ihm zu vertretender teilweiser Unmöglichkeit der Leistung das Recht der anderen Vertragspartei ausschließt, Schadensersatz wegen Nichterfüllung der ganzen Verbindlichkeit zu verlangen oder von dem ganzen Vertrag zurückzutreten, wenn die teilweise Erfüllung des Vertrages für ihn kein Interesse hat;

10. (Gewährleistung)
    eine Bestimmung, durch die bei Verträgen über Lieferungen neu hergestellter Sachen und Leistungen
    a) (Ausschluß und Verweisung auf Dritte)
       die Gewährleistungsansprüche gegen den Verwender einschließlich etwaiger Nachbesserungs- und Ersatzlieferungsansprüche insgesamt oder bezüglich einzelner Teile ausgeschlossen, auf die Einräumung von Ansprüchen gegen Dritte beschränkt oder von der vorherigen gerichtlichen Inanspruchnahme Dritter abhängig gemacht werden;
    b) (Beschränkung auf Nachbesserung)
       die Gewährleistungsansprüche gegen den Verwender insgesamt oder bezüglich einzelner Teile auf ein Recht auf Nachbesserung oder Ersatzlieferung beschränkt werden, sofern dem anderen Vertragsteil nicht ausdrücklich das Recht vorbehalten wird, bei Fehlschlagen der Nachbesserung oder Ersatzlieferung Herabsetzung der Vergütung oder, wenn nicht eine Bauleistung Gegenstand der Gewährleistung ist, nach seiner Wahl Rückgängigmachung des Vertrags zu verlangen;

   c) (Aufwendungen bei Nachbesserung)
   die Verpflichtung des gewährleistungspflichtigen Verwenders ausgeschlossen oder beschränkt wird, die Aufwendungen zu tragen, die zum Zweck der Nachbesserung erforderlich werden, insbesondere Transport-, We-
   ge-, Arbeits- und Materialkosten;
   d) (Vorenthalten der Mängelbeseitigung)
   der Verwender die Beseitigung eines Mangels oder die
   Ersatzlieferung einer mangelfreien Sache von der vorhe-
   rigen Zahlung des vollständigen Entgelts oder eines unter Berücksichtigung des Mangels unverhältnismäßig
   hohen Teils des Entgelts abhängig macht;
   e) (Ausschlußfrist für Mängelanzeige)
   der Verwender dem anderen Vertragsteil für die Anzeige
   nicht offensichtlicher Mängel eine Ausschlußfrist setzt,
   die kürzer ist als die Verjährungsfrist für den gesetzlichen
   Gewährleistungsanspruch;
   f) (Verkürzung von Gewährleistungsfristen)
   die gesetzlichen Gewährleistungsfristen verkürzt werden;

11. (Haftung für zugesicherte Eigenschaften)
   eine Bestimmung, durch die bei einem Kauf-, Werk- oder
   Werklieferungsvertrag Schadensersatzansprüche gegen den
   Verwender nach den §§ 463, 480 Abs. 2, § 635 des Bürgerlichen Gesetzbuchs wegen Fehlens zugesicherter Eigenschaften ausgeschlossen oder eingeschränkt werden;

12. (Laufzeit bei Dauerschuldverhältnissen)
   bei einem Vertragsverhältnis, das die regelmäßige Lieferung von Waren oder die regelmäßige Erbringung von
   Dienst- oder Werkleistungen durch den Verwender zum
   Gegenstand hat,
   a) eine den anderen Vertragsteil länger als zwei Jahre bindende Laufzeit des Vertrags,
   b) eine den anderen Vertragsteil bindende stillschweigende
   Verlängerung des Vertragsverhältnisses um jeweils mehr
   als ein Jahr oder
   c) zu Lasten des anderen Vertragsteils eine längere Kündigungsfrist als drei Monate vor Ablauf der zunächst vorgesehenen oder stillschweigend verlängerten Vertragsdauer;

13. (Wechsel des Vertragspartners)
eine Bestimmung, wonach bei Kauf-, Dienst- oder Werkverträgen ein Dritter an Stelle des Verwenders in die sich aus dem Vertrag ergebenden Rechte und Pflichten eintritt oder eintreten kann, es sei denn, in der Bestimmung wird
a) der Dritte namentlich bezeichnet, oder
b) dem anderen Vertragsteil das Recht eingeräumt, sich vom Vertrag zu lösen;

14. (Haftung des Abschlußvertreters)
eine Bestimmung, durch die der Verwender einem Vertreter, der den Vertrag für den anderen Vertragsteil abschließt,
a) ohne hierauf gerichtete ausdrückliche und gesonderte Erklärung eine eigene Haftung oder Einstandspflicht oder
b) im Falle vollmachtsloser Vertretung eine über § 179 des Bürgerlichen Gesetzbuchs hinausgehende Haftung
auferlegt;

15. (Beweislast)
eine Bestimmung, durch die der Verwender die Beweislast zum Nachteil des anderen Vertragsteils ändert, insbesondere indem er
a) diesem die Beweislast für Umstände auferlegt, die im Verantwortungsbereich des Verwenders liegen;
b) den anderen Vertragsteil bestimmte Tatsachen bestätigen läßt.
Buchstabe b gilt nicht für gesondert unterschriebene Empfangsbekenntnisse;

16. (Form von Anzeigen und Erklärungen)
eine Bestimmung, durch die Anzeigen oder Erklärungen, die dem Verwender oder einem Dritten gegenüber abzugeben sind, an eine strengere Form als die Schriftform oder an besondere Zugangserfordernisse gebunden werden.

Zweiter Abschnitt. Kollisionsrecht

(§ 12 ist nicht abgedruckt)

Dritter Abschnitt. Verfahren
(§§ 13–15 und 17 bis 22 sind nicht abgedruckt)

§ 16 Anhörung.[1] Das Gericht hat vor der Entscheidung über eine Klage nach § 13 zu hören

1. die zuständige Aufsichtsbehörde für das Versicherungswesen, wenn Gegenstand der Klage Bestimmungen in Allgemeinen Versicherungsbedingungen sind, oder

2. das Bundesaufsichtsamt für das Kreditwesen, wenn Gegenstand der Klage Bestimmungen in Allgemeinen Geschäftsbedingungen sind, die das Bundesaufsichtsamt für das Kreditwesen nach Maßgabe des Gesetzes über Bausparkassen, des Gesetzes über Kapitalanlagegesellschaften, des Hypothekenbankgesetzes oder des Gesetzes über Schiffspfandbriefbanken zu genehmigen hat.

Vierter Abschnitt. Anwendungsbereich

§ 23 Sachlicher Anwendungsbereich. *(Abs. 1 nicht abgedruckt)*

(2) Keine Anwendung finden ferner

1. bis 5.[2] *(nicht abgedruckt)*

6. § 11 Nr. 12 für Verträge über die Lieferung als zusammengehörig verkaufter Sachen, für Versicherungsverträge sowie für Verträge zwischen den Inhabern urheberrechtlicher Rechte und Ansprüche und Verwertungsgesellschaften im Sinne des Gesetzes über die Wahrnehmung von Urheberrechten und verwandten Schutzrechten.

(3) Ein Bausparvertrag, ein Versicherungsvertrag sowie das Rechtsverhältnis zwischen einer Kapitalanlagegesellschaft und einem Anteilinhaber unterliegen den von der zuständigen Behörde genehmigten Allgemeinen Geschäftsbedingungen der Bausparkasse, des Versicherers sowie der Kapitalanlagegesellschaft auch dann, wenn die in § 2 Abs. 1 Nr. 1 und 2 bezeichneten Erfordernisse nicht eingehalten sind.

---

[1] § 16 Nr. 1 geänd. durch G v. 29. 3. 1983 (BGBl. I S. 377), Nr. 1 geänd. durch G v. 21. 7. 1994 (BGBl. I S. 1994)
[2] § 23 Abs. 2 Nr. 1a eingef. durch G v. 8. 6. 1989 (BGBl. I S. 1026).

§ 24 Persönlicher Anwendungsbereich. [1]Die Vorschriften der §§ 2, 10, 11 und 12 finden keine Anwendung auf Allgemeine Geschäftsbedingungen,

1. die gegenüber einem Kaufmann verwendet werden, wenn der Vertrag zum Betriebe seines Handelsgewerbes gehört;
2. die gegenüber einer juristischen Person des öffentlichen Rechts oder einem öffentlich-rechtlichen Sondervermögen verwendet werden.

[2]§ 9 ist in den Fällen des Satzes 1 auch insoweit anzuwenden, als dies zur Unwirksamkeit von in den §§ 10 und 11 genannten Vertragsbestimmungen führt; auf die im Handelsverkehr geltenden Gewohnheiten und Gebräuche ist angemessen Rücksicht zu nehmen.

Fünfter Abschnitt.
Schluß- und Übergangsvorschriften

(§§ 25–30 nicht abgedruckt)

Sachregister

Magere Zahlen ohne Zusatz bezeichnen die Paragraphen des VVG, fette Zahlen die Vorschriften dieser Ausgabe

195

Register